"十三五"职业教育城市轨道交通专业系列教材

城市轨道交通车站值班员

邵震球　燕　玲　刘莉娜　编
李晓村　主审

机械工业出版社

本书结合城市轨道交通车站日常运作的实际情况，按照车站值班员岗位工作的要求并围绕车站值班员常规工作展开编写，主要内容包括城市轨道交通车站设备、城市轨道交通行车组织、车站票务管理、车站日常运作、车站安全管理五个单元。本书配有城市轨道交通车站各岗位值班员作业视频。本书可作为职业院校城市轨道交通运营管理专业教材，也可作为各城市轨道交通企业的岗位培训教材。

图书在版编目（CIP）数据

城市轨道交通车站值班员/邵震球，燕玲，刘莉娜编.—北京：机械工业出版社，2018.5（2024.8重印）
"十三五"职业教育城市轨道交通专业系列教材
ISBN 978-7-111-59788-9

Ⅰ.①城… Ⅱ.①邵… ②燕… ③刘… Ⅲ.①城市铁路-行车组织-职业教育-教材 Ⅳ.①U239.5

中国版本图书馆CIP数据核字（2018）第087417号

机械工业出版社（北京市百万庄大街22号　邮政编码100037）
策划编辑：曹新宇　责任编辑：曹新宇　于伟蓉
责任校对：刘秀芝　封面设计：马精明
责任印制：张　博
北京中科印刷有限公司印刷
2024年8月第1版第4次印刷
184mm×260mm·7.25印张·167千字
标准书号：ISBN 978-7-111-59788-9
定价：32.00元

凡购本书，如有缺页、倒页、脱页，由本社发行部调换

电话服务	网络服务
服务咨询热线：010-88379833	机 工 官 网：www.cmpbook.com
读者购书热线：010-88379649	机 工 官 博：weibo.com/cmp1952
	教育服务网：www.cmpedu.com
封面无防伪标均为盗版	金 书 网：www.golden-book.com

编 委 会

主 任 王 晔 张国方

副主任 占春英 徐 瑛

委 员 邵震球 燕 玲 刘莉娜 仲爱萍 赵有强
陈 健 李伟斌 张洪钢 潘 波 曾 鹰
刘智敏 夏鹤峰 徐建鹏

前　言

城市轨道交通是使车辆在固定导轨上运行并主要用于城市客运的交通系统。城市轨道交通具有快捷、准时、安全、舒适、运量大、无污染、占地少、不破坏地面景观、投资大、路网结构不易调整、运营成本高、技术复杂、建设周期长的特点。据统计，至2020年，我国城市轨道交通规划总里程超过8500km（不含有轨电车和市域轨道），全国开通运营城市轨道交通的城市将达到50个左右。

城市轨道交通车站是城市轨道交通系统重要的组成部分，它必须具有供乘客乘降、换乘的功能。车站是客流集散的场所，有些车站还提供折返、停车检修、临时待避的作用。因此，车站要安全、迅速、方便地组织乘客进出，能全面、可靠、机动地满足运营要求，服务乘客。车站值班员岗位是一个车站的中枢控制系统，为保证轨道交通列车的运行安全和准点，他们负责对行车组织、车辆检修、设备运行管理、安全保证等进行集中调度、统一指挥。

本书结合城市轨道交通车站日常运作的实际情况，按照车站值班员职业岗位工作的需求并围绕车站值班员常规工作展开编写，主要内容包括城市轨道交通车站设备、城市轨道交通行车组织、车站票务管理、车站日常运作、车站安全管理五个单元。本书以车站值班员岗位要求为重点，以单元教学与课题引领为特点，图文并茂，理论与实际相结合，培养车站值班员的实际操作能力，适度拓宽车站工作人员的专业知识，并配有车站各岗位值班员的作业视频。

本书由宁波市职业技术教育中心学校与宁波轨道交通集团有限公司运营分公司联合组织编写，由邵震球、燕玲、刘莉娜共同编写，苏州大学轨道交通学院李晓村担任主审。在本书的编写过程中，得到宁波市轨道交通集团有限公司运营分公司领导与客运部主管以及北京交通运输职业学院老师的鼎力相助，并提供相关资料、提出宝贵建议；同

前　言

时，本书的编写得到了宁波市职成教教研室与宁波市职业技术教育中心学校领导以及轨道交通专业教研大组教师们的支持，在此并表示衷心的感谢。

鉴于编写人员学术水平和实践经验的局限性，书中错误与不足之处在所难免，期待广大读者和同行朋友多提宝贵意见。

编　者

目 录

前言

单元一 城市轨道交通车站设备 ……………………………… 1
    课题一 车站低压供电系统 …………………………………… 1
    课题二 车站 BAS 系统 ………………………………………… 3
    课题三 车站 FAS 系统 ………………………………………… 13
    课题四 通信与信号系统 ……………………………………… 21

单元二 城市轨道交通行车组织 ……………………………… 30
    课题一 车站控制室运作 ……………………………………… 30
    课题二 正常情况下接发列车 ………………………………… 35
    课题三 非正常情况下的行车组织 …………………………… 37

单元三 车站票务管理 ………………………………………… 45
    课题一 车站自动售检票系统 ………………………………… 45
    课题二 车站票务管理规定 …………………………………… 50
    课题三 车站票务应急处理 …………………………………… 59
    课题四 车站票务异常交易处理 ……………………………… 64

单元四 车站日常运作 ………………………………………… 67
    课题一 车站值班员一日作业标准 …………………………… 67
    课题二 车站开、关站程序 …………………………………… 72
    课题三 车站施工（检修）管理 ……………………………… 73
    课题四 车站各类台账、报表填记标准 ……………………… 84

单元五 车站安全管理 ………………………………………… 93
    课题一 安全管理概述 ………………………………………… 93
    课题二 事故预防及处理 ……………………………………… 97
    课题三 事故案例分析 ………………………………………… 101

参考文献 ……………………………………………………… 107

站务员岗位一日作业流程

客运值班员岗位一日作业流程

值班站长岗位一日作业流程

行车值班员岗位一日作业流程

单元一

城市轨道交通车站设备

【学习目标】

1. 熟悉车站低压供电系统知识。
2. 熟悉车站 BAS 系统知识。
3. 熟悉车站 FAS 系统知识。
4. 熟悉通信与信号系统知识。

课题一　车站低压供电系统

车站 400V 配电室负责供车站及两端相邻各半个区间的动力照明用电。地下一层站厅层两端各设一环控电控室向环控设备供电。在站厅、站台两端各设一照明配电间，照明配电箱集中设于此处。

低压配电与照明系统在地铁运营中占有重要的地位，它的安全性、可靠性决定了通风空调、给水排水、电扶梯以及消防等系统的运行质量，尤其在非正常工况状态下，它是地铁正常运营不可缺少的重要保障。

一、照明系统

1. 照明分类

车站照明（图 1-1）分为正常照明、应急照明（包括备用照明和疏散照明）、安全特低电压照明（包括变电所电缆夹层照明、站台板下照明）、广告照明、标志照明（配电箱）等。

2. 照明配电

1）照明配电采用放射式和树干式相结合，以树干式为主的方式。公共区正常照明有两种形式，一种是采用 220V 电压；另一种

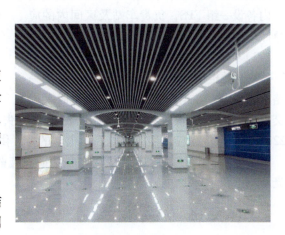

图 1-1　车站照明

是来自变电所 0.4kV 开关柜的两段母线（400V 内抽屉柜）电源。对公共区照明灯具采用交叉配电，以满足照明一级负荷的配电要求。照明配电箱控制的公共区照明范围以车站中心线为界。

2）在车站的公共区内，上述两种正常照明方式约各占公共区总照明的 1/2。公共区的疏散照明约占公共区总照明的 1/10，这部分不设控制，可作为常明灯，在夜间列车停运后，供内部人员通行和巡视时使用。

3）站厅、站台、出入口等处的公共区照明与设备管理用房等场所的照明分开设计。

4）应急照明电源引自 EPS 集中供电应急电源屏。

5）标志照明由公共区总配电柜专用回路供电。

6）站台板下、变电所夹层内及扶梯下检修通道内设 24V 的安全特低电压照明。

7）在车站的站台、站厅公共区、出入口通道等处设置广告照明，广告照明配电箱设在各层照明配电室（图 1-2）内，为三级负荷。

3. 智能照明

城市轨道交通车站公共区照明采用智能照明控制系统，使照明在全自动状态下，通过预先设定的定时功能、照明模式进行工作，大大提高了管理水平，减少了人工维护费用。

图 1-2 照明配电室

车站智能照明系统采用三级控制方式：BAS 综合监控计算机、车控室触摸屏和智能面板控制。

智能照明配电箱如图 1-3 所示。

4. 应急照明系统

1）为确保紧急情况下能顺利安全地疏散旅客，应急照明电源系统采用设置 EPS 电源柜的方案。在车站站厅、站台两端配电室内各设一组 EPS，负责车站及区间内的应急照明配电。

2）EPS 电源柜（图 1-4）由变电所 0.4kV 开关柜两段低压负荷母线上各引来一路电源供电，在柜内自动切换。正常时采用

图 1-3 智能照明配电箱

交流旁路 220/380V 供电；在两路交流电源都失压的情况下，由蓄电池放电，逆变成交流 220/380V 电源向应急照明供电。蓄电池的持续供电时间不小于 60min。

3）应急照明包括备用照明及疏散照明。疏散照明由疏散照明灯、疏散指示标志灯及蓄光型疏散指示标志组成。

二、通风空调设备的控制及供电

通风空调设备的控制分为就地控制、通风空调电控室控制及车站控制室控制（FAS/

单元一　城市轨道交通车站设备

BAS 控制）。消防风机可在车站控制室的 IBP 盘上进行强起。

通风空调电控柜采用单母线不分段的主接线形式，两路电源一用一备，自动切换。车站每端的消防设备分为两组，分别由变电所单独配电，设置各自独立的双电源切换装置，减小进线电缆接线的难度，避免产生工频同时起动时尖峰电流过大等问题。

通风空调电控室（图 1-5）负责车站的各类风机、阀门的集中配电及控制。在各风机的就近设置带有起停功能的按钮箱，在大功率风机前设置隔离开关箱。

图 1-4　EPS 电源柜

图 1-5　通风空调电控室

三、低压动力与照明系统的保养内容

1）检查指示灯、开关、按钮、电缆（导线）等元器件标识是否齐全完好，修补完善标识。

2）箱体内外清洁、线路绑扎、整理。

3）检查电压是否正常。

4）主回路接线紧固，各接线端子接线紧固。

5）检查所有螺钉螺母的锈蚀程度是否影响使用，若影响必须进行更换或防腐。

6）试验剩余电流断路器（漏电保护器）是否有效，如无效则更换。

课题二　车站 BAS 系统

车站 BAS 系统对本车站所辖区间隧道及车站的通风空调大系统、小系统及其水系统和动力照明系统（含智能低压、智能照明系统、EPS 等）、区间疏散指示、自动扶梯、电梯、给水排水系统等相关设备进行监控及管理，同时对相关设备用房和公共区的环境温湿度等参数进行监测。车站监控工作站由综合监控系统提供。BAS 车站级向综合监控系统上传设备运行状态、故障报警等信息，并接收综合监控系统下发的模式、设备控制等信息。

一、车站 BAS 监控

城市轨道交通的监控线路上采用 22 英寸液晶显示器，ISCS（Istegrated Supervisory Control System）画面必须要在此型号的显示器上全屏显示。为此可以将 ISCS 界面分为 4 部分，分别是菜单栏、导航栏、用户显示区、底部栏。系统启动后，菜单栏、导航栏和底部栏会自动加载，并且在屏幕的固定区域显示，用户不能移动或者关闭这些窗口。用户显示区是除了菜单栏、导航栏和底部栏这些固定窗口以外的部分，不会被固定窗口覆盖，用户打开的 ISCS 画面可以在这个区域显示。

1. ISCS 整体布置

某城市地铁 1 号线的 ISCS 整体布置，如图 1-6 所示。

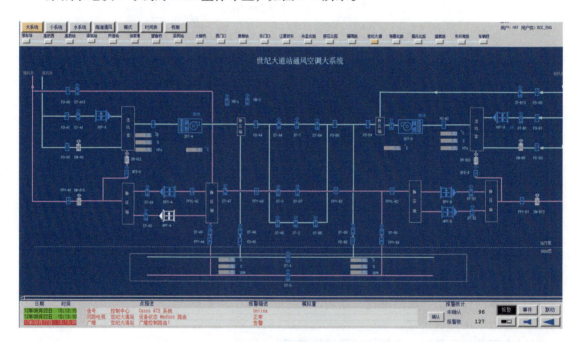

图 1-6　ISCS 整体布置

操作员可以利用导航栏完成地铁 1 号线画面的导航。

导航栏包括子系统选择栏、功能选择栏、车站栏、日期时间以及城市轨道交通 LOGO 和用户信息区，如图 1-7 所示。

用户可以利用导航栏的子系统选择栏、功能选择栏、车站选择栏提供的按钮调用需要显示的 ISCS 画面。

中心操作员在 OCC 选择时，可以对全线进行操作；而车站操作员在车站选择时，只能对本站进行操作。

单元一　城市轨道交通车站设备

图 1-7　导航栏

下面以进入图 1-6 大系统画面为例，描述操作步骤：
1）在控制中心工作站上运行 SAMMI，用 nb1 登录。
2）在导航栏的车站选择栏上，选择站名。
3）在导航栏的子系统选择栏上单击【环控】后，导航栏上出现机电系统的功能选择栏。
4）在功能选择栏上单击【大系统】按钮后，用户显示区显示用户选择的大系统画面。

2. 车站 BAS（机电）监控
车站 BAS 工艺图如图 1-8 所示，可单击工艺图上的按钮，选择相应的监控画面。

图 1-8　BAS 工艺图

1）空调水系统画面，如图 1-9 所示。

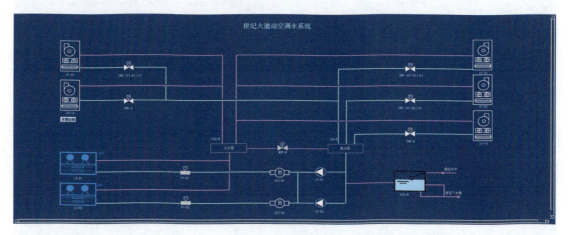

图 1-9　空调水系统

2）空调大系统（公共区通风空调大系统）画面，如图 1-10 所示。
3）空调小系统（设备用房等通风空调小系统）画面，如图 1-11 所示。
4）车站模式画面，包括火灾模式和阻塞模式的状态查看画面，以及空调大系统与水系统、空调小系统、动力照明和电扶梯系统的模式画面，如图 1-12 所示。
5）区间隧道通风画面，如图 1-13 所示。
6）车站照明及配电设备状态显示画面，如图 1-14 所示。
7）车站电扶梯监控画面，如图 1-15 所示。

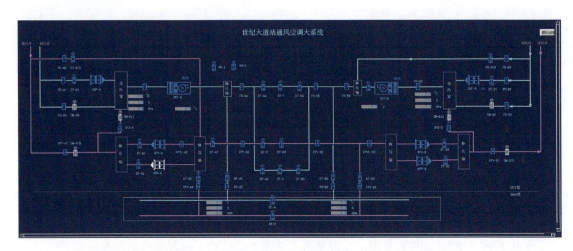

图 1-10　空调大系统

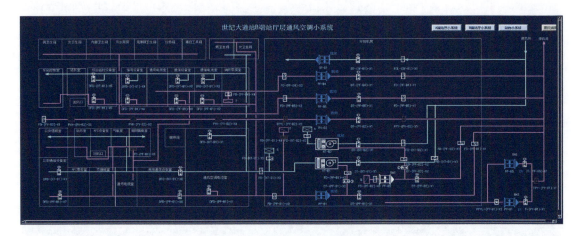

图 1-11　空调小系统

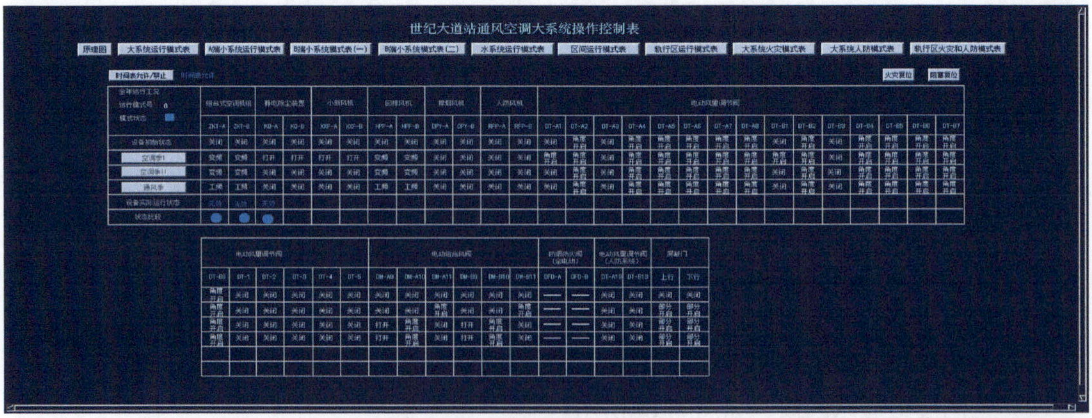

图 1-12　操作控制表

单元一　城市轨道交通车站设备

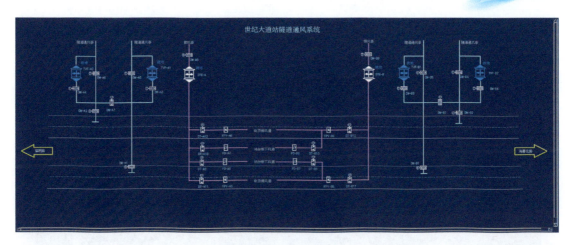

图 1-13　通风系统

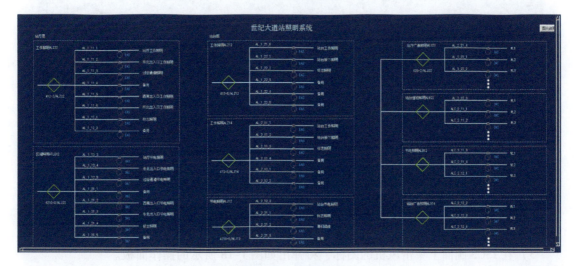

图 1-14　照明系统

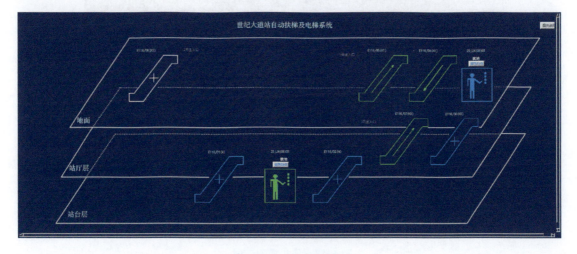

图 1-15　电梯系统

7

二、车站监视和控制功能

1. 通风空调系统

1）登录综合监控环控画面，打开通风空调大系统，如图1-16所示。

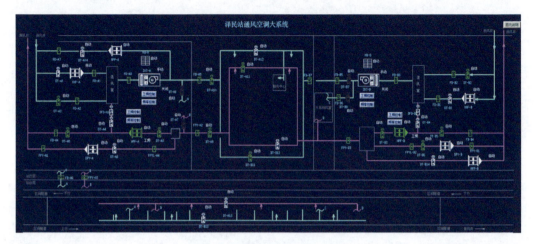

图1-16　通风空调大系统画面

2）风机的控制，找到画面上风机的图标，如图1-17所示。

图1-17　一般风机（含送风机、排风机、回排风机）图

3）在ISCS画面上单击风机的图标，将弹出如图1-18所示的操作面板。

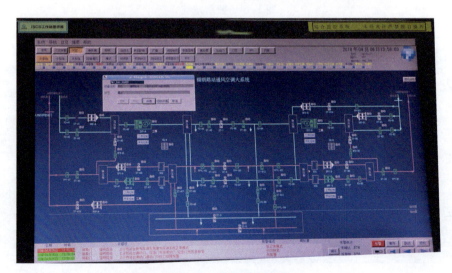

图1-18　风机操作面板

4）单击风机操作面板上的【控制】按钮，将弹出如图 1-19 所示的控制面板。

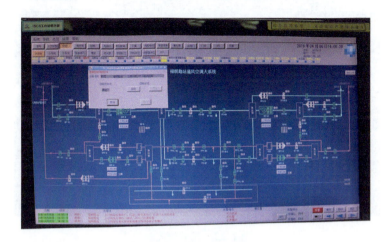

图 1-19　风机控制面板

可以看到风机名称和其当前状态。在"目标状况"选择框中，有两个目标状态按钮，单击启动，即可以开启风机。

5）开启后的风机状态变绿，表示运行状态，如图 1-20 所示。

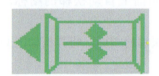

图 1-20　风机运行状态

6）在 ISCS 画面上单击风阀的图标，将弹出如图 1-21 所示的操作面板。

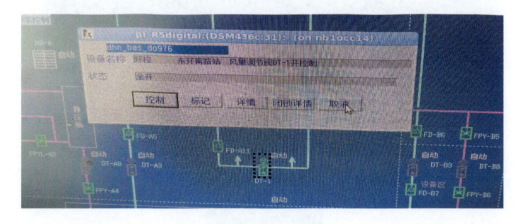

图 1-21　风阀操作面板

7）单击该操作面板上的【控制】按钮，将弹出如图 1-22 所示的控制面板。

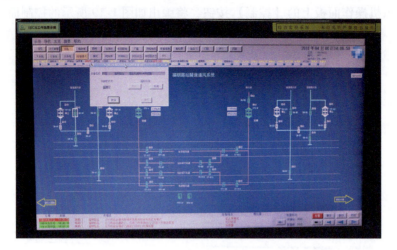

图 1-22　调节阀控制

8）单击【关闭】，按【执行】按钮，风阀关闭，风阀图标显示白色，如图 1-23 所示。

2. 自动扶梯和电梯系统

1）登录综合监控自动扶梯和电梯系统，如图 1-24 所示。

2）自动扶梯的监视，找到画面上自动扶梯的图标，如图 1-25 所示。

图 1-23　风阀关闭

3）在 ISCS 画面上单击自动扶梯的图标，将弹出如图 1-26 所示的操作面板。

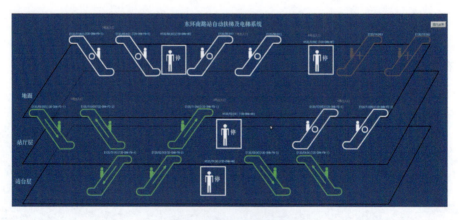

图 1-24　自动扶梯和电梯系统

图 1-25　自动扶梯

单元一 城市轨道交通车站设备

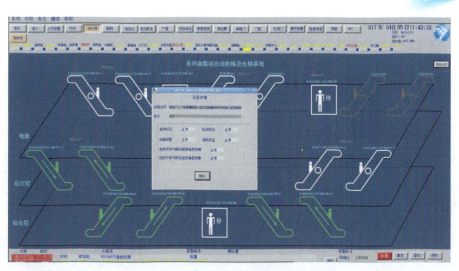

图 1-26 自动扶梯的设备状态和运行信息

3. 照明系统

1）登录综合监控照明系统，如图 1-27 所示。

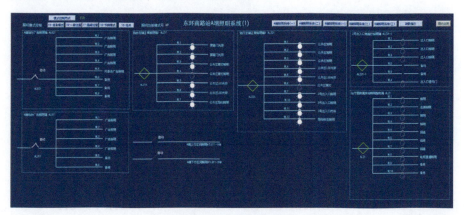

图 1-27 照明系统画面

2）在 ISCS 画面上单击广告照明的开关图标，将弹出如图 1-28 所示的操作面板。

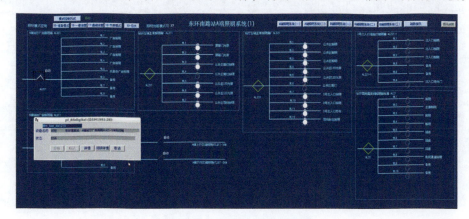

图 1-28 广告照明操作面板

11

4. 给水排水系统

1）登录综合监控给水排水系统，如图1-29所示。

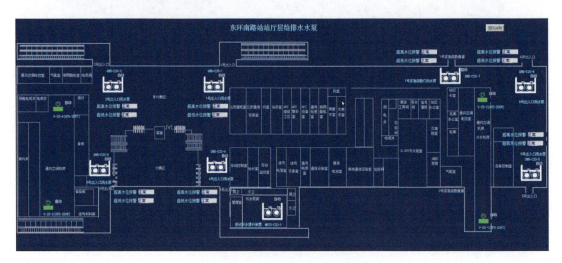

图1-29 给水排水系统画面

2）水泵的控制，找到画面上水泵的图标，如图1-30所示。

图1-30 水泵控制

3）在ISCS画面上单击水泵的图标，将弹出如图1-31所示的操作面板。

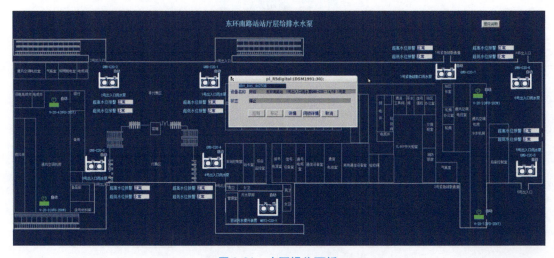

图1-31 水泵操作面板

4）单击该操作面板上的【控制】按钮，将弹出如图 1-32 所示的控制面板。

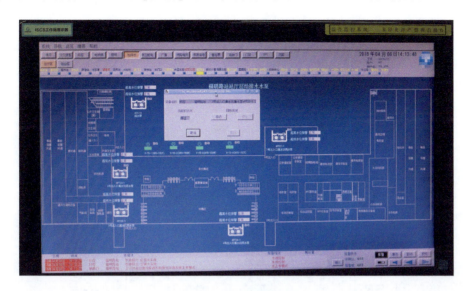

图 1-32　水泵控制面板

可以看到风机名称和其当前状态。在"目标状况"选择框中，有两个目标状态按钮，单击【启动】，即可以开启 1 号出入口雨水泵。

课题三　车站 FAS 系统

一、FAS 概述

1. FAS 概况及作用

FAS 是火灾自动报警系统（Fire Alarm System）的简称。它的主要作用是：及时发现火灾并发出指令，启动或关闭相关联动设备进行救灾，同时通过广播及闭路电视监视系统组织人员疏散，避免或减少火灾造成的人员和财产的损失。火灾自动报警系统主要由火灾触发装置、火灾报警装置和警报装置组成。

2. FAS 工作原理

火灾探测器将现场火灾信息（烟、温度、光）转换成电气信号传送至自动报警控制器，火灾报警控制器将接收到的火灾信号经过处理、运算和判断后认定火灾，输出指令信号，一方面启动火灾警报装置，如声、光报警等，另一方面启动消防联动装置和联锁减灾系统，用以驱动各种灭火设备和减灾设备。FAS 系统原理如图 1-33 所示。

二、FAS 主要设备介绍

1. 火灾自动报警控制器

（1）安装场所　车站控制室内、主所值班室内。

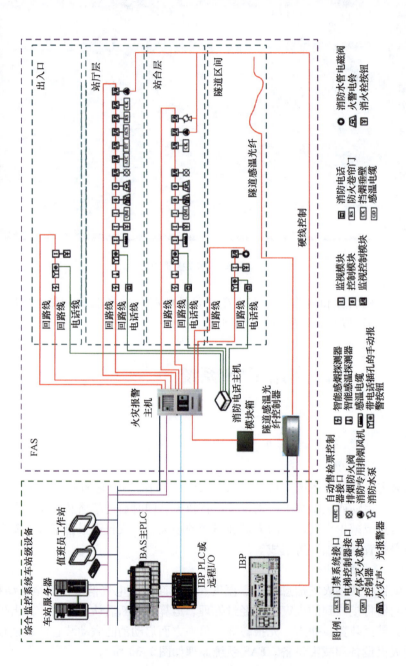

图 1-33 FAS 系统原理图

（2）用途及功能　火灾自动报警控制器是 FAS 系统信息处理中心，主要组成部件有回路卡、CPU、电源卡、显示屏、多线联动控制卡等，通过 EST3 主机的液晶显示面板上的按钮可进行翻页、确认、复位、试验、消音等操作，如图1-34所示。

图1-34　火灾自动报警控制器图片

（3）LCD 显示屏常用按钮介绍　LCD 显示屏是系统的主要操作界面，它显示系统工作状态。

手自动切换开关：对 FAS 系统的手动状态和自动状态进行切换。

火警：红色指示灯作为火警指示，当还有火警事件未被查看确认时灯闪烁，当所有在队列中的信息被查看确认完后灯常亮。

联动：黄色指示灯作为联动事件指示，当还有联动事件未被查看确认时灯闪烁，当所有在队列中的信息被查看确认完后灯常亮。

故障状态：黄色指示灯作为故障指示，当还有故障事件未被查看确认时灯闪烁，当所有在队列中的信息被查看确认完后灯常亮。

屏蔽：当一些点或区域被人工屏蔽时黄灯亮。

详细信息：按此键将显示激活设备的详细信息。

上一页：按此键将滚动向上翻页查看。

下一页：按此键将滚动向下翻页查看。

复位键：按此键激活系统的复位功能以便系统恢复正常，系统恢复时常亮，系统复位后指示灯灭。

2. 消防电话主机

（1）安装场所　在消防立柜内。

（2）用途及功能　站内专用消防电话主机，用于现场和消控室之间进行通话，如图1-35所示。

3. 消防壁挂电话

（1）安装场所　重要设备区走廊、气体灭火保护区房间外墙上。

（2）用途及功能　用于和电话主机通话，如图1-36所示。

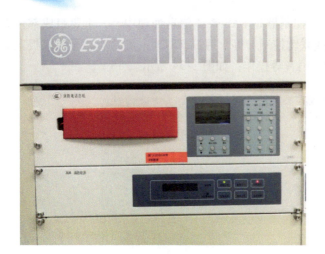

图1-35 消防电话主机　　　　　　图1-36 消防壁挂电话

4. 消防电话插孔

（1）安装场所　设备区走廊、站台、站厅公共区及区间部分等场所。

（2）功能及用途　用于插孔电话插入后与电话主机通话，如图1-37所示。

5. 智能特征光电感烟探测器

（1）安装场所　车站设备房、设备区走廊、公共区等主要场所。

（2）用途及功能　通过监测烟雾的浓度来实现火灾防范，如图1-38所示。

6. 智能特征光电感温探测器

（1）安装场所　气体灭火保护区设备房内、防火卷帘门旁。

（2）功能及用途　主要是利用热敏元件来探测火灾，如图1-39所示。

图1-37 消防电话插孔　　　图1-38 感烟探测器　　　图1-39 感温探测器

7. 智能特征手动报警按钮（玻璃破碎式）

（1）安装场所　设备区走廊、站台、站厅公共区、区间等场所。

（2）功能及用途　当人员发现火灾而火灾探测器没有探测到火灾的时候，人员手动按下手动报警按钮，报告火灾信号，如图1-40所示。

8. 警铃

（1）安装场所　设备区走廊。

（2）用途　在发生紧急情况的时候由报警控制器控制触发报警，如图1-41所示。

图 1-40　手动报警按钮　　　　图 1-41　警铃

9. 图形工作站

（1）安装场所　车站控制室、值班室等主要场所内。

（2）用途　具备火灾报警显示、事件接收、管理配置、地图查询、支持大容量数据库等多项功能，如图 1-42、图 1-43 所示。

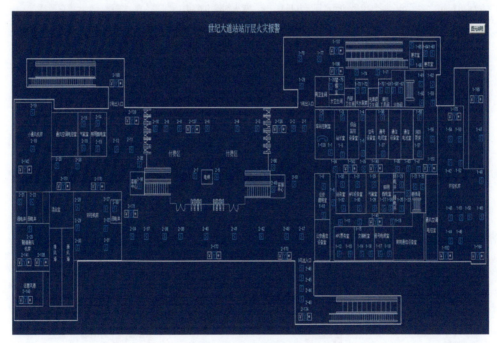

图 1-42　图形工作站

三、气体灭火系统

（一）概况

气体灭火系统（以下简称气灭）是指平时灭火剂以液体、液化气体或气体状态存储于压力容器内，灭火时以气体（包括蒸气、气雾）状态喷射作为灭火介质的灭火系统。它能在防护区空间内形成各方向均一的气体浓度，而且至少能保持该灭火浓度达到规定的浸渍时间，实现扑灭该防护区的空间、立体火灾。

气体灭火系统主要分为两个部分：管网系统和控制系统，如图 1-44 所示。图 1-44 中的

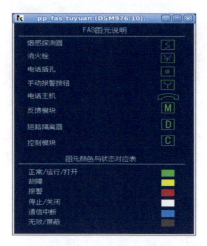

图 1-43 FAS 图元说明

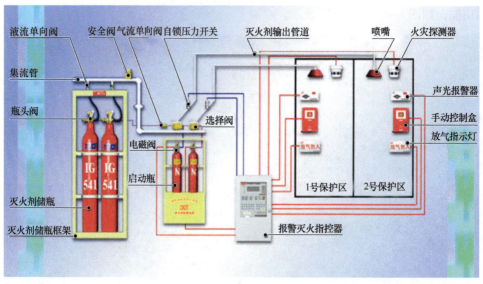

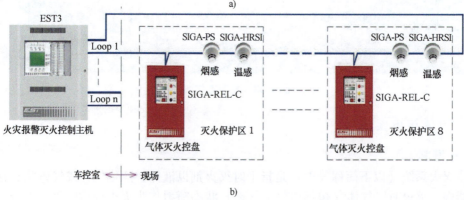

图 1-44 火灾报警灭火系统示意图
a) 管网系统　b) 控制系统

IG-541是一种混合气体灭火剂,它由52%的氮气、40%的氩气和8%的二氧化碳组成,具有无色无味、干净清洁、无导电性、无分解物如氢氟酸(HF),即具有无毒、无腐蚀性、安全等优点,适宜扑灭A、B、C类火灾。

(二)气体灭火主要设备介绍

1. 气体灭火控制器

(1)安装场所　气体保护区门旁。

(2)用途及功能　SIGA-REL-C气体灭火控制盘是驱动气体灭火装置的控制设备。它通过回路总线直接连接火灾报警控制器EST3,接受EST3的火灾信息,并协同完成对气体灭火钢瓶的自动控制,达到迅速发现火情并及时灭火的目的。也可由现场授权人员直接操作气体灭火控制盘上的启动或停止按键实现对气体灭火设备的控制,如图1-45所示。

2. 声光报警器

(1)安装场所　气灭保护区门内外。

(2)功能　气灭联动之后通过声音和闪光起到警示作用,如图1-46所示。

图1-45　气体灭火控制盘

图1-46　声光报警器

3. 放气勿入灯

(1)安装场所　气灭保护区的门外。

(2)概述及功能　放气勿入灯一般用于灭火控制系统中,当灭火剂开始释放实施灭火时,灭火控制系统点亮放气勿入灯,警示人们不要进入当前的灭火区域,以免发生危险。放气勿入灯一般安装于保护区的通道出入口,当接通放气勿入灯的电源时,会发出红色闪烁的警示文字"放气勿入",达到警示的目的,如图1-47所示。

4. 管网部分

(1)安装场所　气瓶间及保护区内。

(2)功能　灭火药剂的储存、启动后输送药剂到指定区域后喷射,如图1-48、图1-49所示。

图1-47　放气勿入灯

图1-48　气瓶间

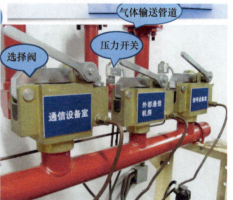

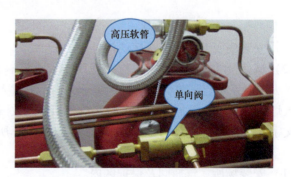

图1-49　气灭启动装置设备

单元一　城市轨道交通车站设备

课题四　通信与信号系统

一、通信系统

轨道交通通信系统是指挥列车运行、公务联络和传递各种信息的重要手段，由传输、无线、电源、专用、公务、CCTV、广播、时钟、PIS、集中告警十个子系统组成，其服务涵盖了控制中心、车站、车辆段、停车场、地面路线、高架路线、地下隧道与列车。

1. 无线通信子系统

无线通信子系统是由多个基站形成的一个有线、无线相结合的网络。它采用800MHz频段的TETRA数字集群调度系统，用于确保运营人员、维护人员以及调度管理人员之间的语音及数据通信、调度管理功能的实现，为轨道交通固定用户与移动用户之间、移动用户与移动用户之间提供可靠的通信手段。

最常用的是THR880i便携电台，包括主机、天线、可充电电池、充电器等，如图1-50所示。

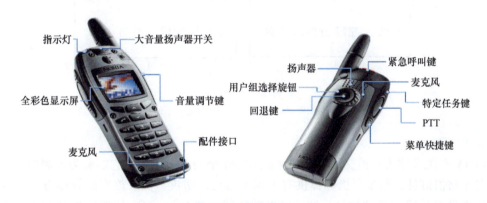

图1-50　便携电台

2. 专用电话子系统

专用电话子系统是调度员和车站、车辆段值班员指挥列车运行和下达调度命令的重要通信工具，是为列车运营、电力供应、日常维修、防灾救护提供指挥手段的专用通信系统。

ZXD1000数字智能调度台（图1-51）是ZXD1000系列调度机的外围设备，该设备用于通信有线调度系统，主要对站内调度电话、其他调度台进行调度与联络。

确认操作台处在就席状态。操作台开机后是自动处于就席状态，如开机后长时间不能就席，可按"就席"键人工就席。操作台只有在就席状态，才能正常呼叫使用。操作台就席后就席功能键红色指示灯常亮。

观察操作台液晶显示时间，时与分之间、分与秒之间是否有"："符号。时与分之间有则2B+D通道已激活，如图1-52a所示；分与秒之间有则通信正常，否则有故障，如图1-52b所示。

21

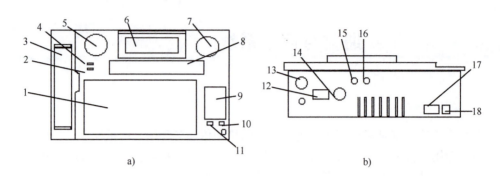

图 1-51 调度台外部结构示意图
a）ZXD1000 数字智能调度台正面简图 b）ZXD 1000 数字智能调度台背面简图
1—用户键及其指示灯 2—电源指示灯 3—手柄 4—运行指示灯 5—免提扬声器 6—液晶显示屏
7—振铃扬声器 8—功能键及其指示灯 9—拨号盘 10—免提键 11—重拨键 12—电源开关
13—外置麦克风插座 14—48V 电源插座 15—免提音量旋钮 16—振铃音量旋钮
17—RJ45 或 RS422 串口 18—ISDN/话路接口

图 1-52 操作台显示
a）操作台通信正常时的显示 b）操作台通信不正常时的显示

3. CCTV 系统

CCTV 系统是城市轨道交通维护和保证运输安全的重要手段。它能够为控制中心的调度员、各车站值班员、列车司机等提供有关列车运行、防灾救灾、旅客疏导等方面的视觉信息。图像摄取范围为车站站台、站厅、自动扶梯（电梯）、AFC 的售票机和闸机、客服中心、票务室、出入口、车控室、供电设备房等处。

（1）登录系统 如图 1-53 所示。

图 1-53 登录系统

(2) 实时视频查看

1) 在设备树中手动选择。用户首先需要选择所属站点（默认为本站），系统会以树形结构显示本站已经添加的摄像机，双击某个摄像机，系统会在用户当前的选中窗口中进行播放。

注：用户同时只能选中一个窗口，如果被选中窗口已经有图像在播放，那么它将被其他设备的播放图像所覆盖，图 1-54 所示。

图 1-54　实时视频

2) 通过检索功能批量选择。用户在得到站点设备树后，可以根据访问类型和检索条件对设备进行搜索，可根据名称关键字、访问频率、最后访问等方式对设备树进行搜索，搜索结果将以列表窗口的方式进行显示。

3) 历史回放。单击上方菜单的【历史回放】，选择【集中存储】，单击当前站点，选择摄像机和时间进行检索，如图 1-55 所示。

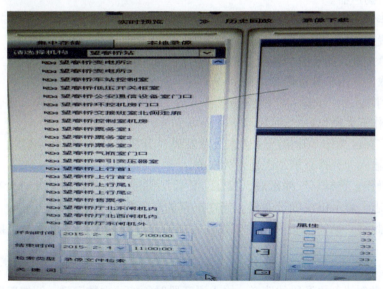

图 1-55　历史回放

检索到的视频文件显示在右面。一个视频文件的长度是 5 分钟。

4. 广播系统

广播系统主要用于控制中心调度人员、各车站值班员向车站乘客通告轨道交通列车运行以及安全、向导等服务信息；用于轨道交通内部，向车站和区间工作人员发布作业命令和通知。

（1）防灾广播控制盒　简称防灾盒，如图1-56所示。它可实现对车站单区、多区及全区进行话筒广播、监听等功能，而且具有紧急广播功能。按下本防灾盒上的"紧急"键，防灾盒进行语音广播，该语音是提前录制好的语音段，在紧急语音段广播时可插入话筒广播，且插入的人工广播自动被防灾盒自带的MP3录音，方便以后调用。

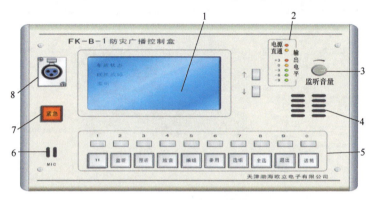

图1-56　防灾广播控制盒

图1-56所示的防灾广播控制盒各部分说明如下：

1——显示屏，用于显示操作状态及车站广播状态。
2——指示灯显示，用于显示电源、直通及音源输出音量的状态。
3——监听电位器，用于调节监听音量。
4——监听扬声器。
5——操作键组，用于进行各种操作。
6——内置麦克风，当鹅颈话筒出现故障时，可以选择该麦克风。
7——紧急按键，用于紧急情况下使用。
8——卡侬座，用于外接鹅颈话筒。

（2）广播控制操作步骤　广播控制操作共分为选区操作、话筒操作、语音广播、编组操作、监听操作五大操作。

1）选择广播区操作。开机后"选区"项反黑（开机默认），按数字键输入相应的广播区号，第一次输入为选择，第二次输入为取消。

2）话筒操作。选择好广播区后，按住"话筒"键进行话筒广播。此时会在屏幕的右下角出现信封标志，表示正在进行通信。当在屏幕的右下角出现话筒标志🎤时，表示可以进行话筒广播。此时"话筒"键必须一直按住不能抬起。如果需要停止话筒广播，抬起"话筒"键即可。

3）语音广播。首先选择要进行语音广播的区，然后按一下"↓"键，"语音选择"反显 语音选择 ，此时进行语音段的选择。输入语音段时须按两次数字键，例如选择第01段，则首先输入"0"，然后输入"1"，此时语音段01出现在"语音选择"后面。按数字键继续选择语音段，最多一次选择10段。语音播放时从选择的第一段语音顺序播放到最后一段，播放完毕后，自动关闭广播区。选择好语音段后，按"放音"键播放语音，按"退出"键退出语音广播。

4）编组操作。按"选组"键，进入"编组"选项，此时"编组"选项反黑，输入相应的数字键即可将编组好的广播区内容显示在选择广播区并选择中。

5）监听操作。按"监听"键进入监听选项。此时监听选项反黑 监听：1 ，然后按数字键输入相应的广播区即可进行监听。第一次按下"监听"键进行监听，第二次按下取消监听。（注：每次监听只能监听一个车站的一个广播区）

5. 时钟系统

时钟系统由位于控制中心的一级母钟通过 GPS 设备接收外部标准时间信号，并传送给通信的其他子系统及综合监控、FAS、屏蔽门等需要时间校准信号的系统。一级母钟与各个二级母钟通过传输系统连接，由二级母钟通过电缆线路连接到本车站或停车场、车辆段内各子钟，发送标准时间信号，控制本站数显子钟的运行，如图 1-57 所示。

图 1-57　时钟系统

6. 乘客信息系统

乘客信息（PIS）系统是通过设置在站厅、站台、出入口、列车客室的显示终端，让乘客及时准确地了解列车运营信息和公共媒体信息的多媒体综合信息系统。它是以计算机及多媒体应用为平台，以车站和车载显示终端为媒介向乘客提供信息的系统，如图 1-58 所示。

二、信号系统

（一）转辙机（S700K）

1. 转辙机介绍

道岔是一种使机车车辆从一股道转入或越过另一股道的线路连接设备，通常在车站、车辆段、停车场大量铺设。它是轨道的一个重要组成部分，也是轨道的薄弱环节之一。

图 1-58　乘客信息系统

转辙机是转辙装置的核心和主体，除转辙机本身外，还包括外锁闭装置（内锁式方式）和各类杆件、安装装置，它们共同完成道岔的转换和锁闭。

2. 转辙机（S700K）的作用

1）转换道岔的位置。根据需要转换至定位或反位。

2）道岔转至所需位置而且密贴后，实现锁闭，防止外力转换道岔。

3）正确地反映道岔的实际位置。道岔的尖轨密贴于基本轨后，给出相应的表示，如图 1-59。

图 1-59　道岔 1

4）道岔被挤或因故处于"四开"（两侧尖轨均不密贴）位置时，及时给出报警及表示，如图 1-60 所示。

图 1-60　道岔 2

S700K-C 电动转辙机型号解释，如图 1-61 所示。

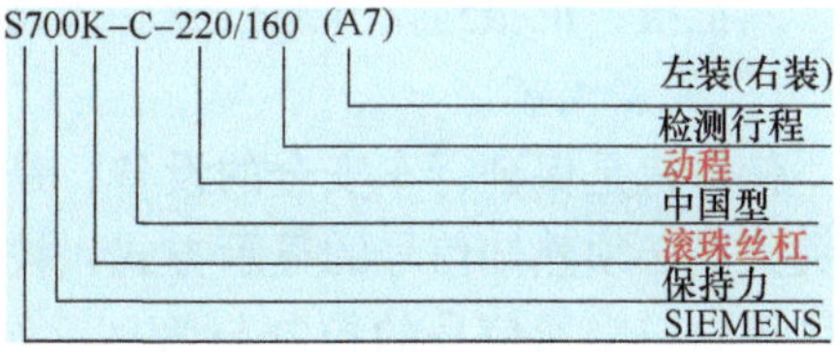

3. 转辙机（S700K）的维护

S700K 转辙机如图 1-62 所示，它的日常维护主要是在夜间列车停运以后进行。根据检修周期不同，可以分为双周检、月检、半年检及年检。基本的检修内容包括 7 个部分，分别是：

1）外观检查。
2）部件清洁及检查。
3）紧固检查。
4）关键部件检查。
5）设备性能检查。
6）润油。
7）道岔转换试验。

图 1-61　S700K-C 电动转辙机型号

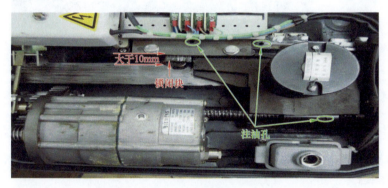

图 1-62　转辙机

4. 转辙机润油

转辙机润油工作包括：

1）锁闭块、齿轮组注油。
2）滚珠丝杠、推板套加油脂。
3）动作杆、表示杆表面润油。

5. 道岔转换试验

道岔调整完毕后，应检查有无工具或零件遗留在机内；确认安装良好，调整无误；接通转辙机的电源，使转辙机动作 4 个来回，动作时间间隔为 4 秒。

6. 手摇道岔步骤

一看：看道岔开通位置是否正确，是否需要改变位置。
二开：打开盖孔板及钩锁器的锁，拆下钩锁器。
三摇：摇道岔转向所需的位置，在听到"咔嚓"的落槽声后停止。
四确认：手指尖轨，口呼"×号（道岔编号最后 2 位号码、下同）道岔开通定（或反）位，尖轨密贴"，另一人共同确认。
五加锁：使用钩锁器在尖轨锁闭杆所在位置加锁道岔。

六汇报：汇报道岔开通位置和线路出清情况。

（二）信号机

信号机是保证行车安全的设备，是指示列车及调车作业的命令，如图1-63所示。行车有关人员必须熟知信号的显示方式，按照信号显示要求进行行车及调车作业。信号机主要用于城市轨道交通信号的控制与管理。城市轨道交通采用右侧行车制，不论在正线还是车辆段，地面信号机应设置于列车运行方向的右侧，地面信号机地下部分一般安装在隧道壁上。

图1-63　信号机

1. 信号机颜色与表示意义

（1）基本颜色

1）红色：停车信号，禁止越过该信号机（信号熄灭或显示不明时，也应视为停车信号）。

2）绿色：允许信号，表示道岔已锁闭，进路中所有道岔开通直向。

3）黄色：允许信号，表示道岔已锁闭，进路中至少有一组道岔开通侧股。

（2）辅助颜色

1）白色：为调车信号，准许按规定的速度越过该信号机调车。

2）蓝色：禁止越过该信号机调车，但对列车不起阻拦作用。

2. 信号机养护检修

（1）日常养护　信号机的日常养护每月一次，主要作业内容包括：

1）信号机构、基础、箱盒外观检查，基础应牢固，外观应无损伤。

2）检查设备有无受外界干扰，加锁是否良好。

3）检查紧固件及信号锁有无锈蚀，对各部件加油。

4）清扫机构内部、透镜玻璃；检查显示情况是否良好；清扫设备周围环境，保持清洁。

（2）集中检修　色灯信号机的集中检修每季度一次。当进行集中检修作业时，该月的日常养护作业取消。集中检修主要作业内容包括：

1）检查机构、基础、箱盒是否牢固且完好无损伤。

2）清扫机构，保持透镜玻璃干净无污染；检查清扫箱盒、机构内部；显示良好、显示距离不小于200mm。

3）清扫周围环境，检查加锁是否良好、无锈蚀。
4）正线试验主、副灯丝转换及报警，应转换正常、报警良好。
5）正线测试引导信号，应能正常开放。

单元考核

1. 简述应急照明系统组成。
2. 低压动照系统保养内容有哪些？
3. FAS工作原理是什么？
4. 简述转辙机的作用。
5. 说明信号机颜色与表示意义。

单元二

城市轨道交通行车组织

【学习目标】

1. 熟悉车站控制室运作知识。
2. 熟悉正常情况下接发列车内容。
3. 熟悉非正常情况下的行车组织常识。

课题一 车站控制室运作

车站是乘客乘降列车的主要场所，同时还是轨道交通系统行车组织的二级调度所在，其主要任务是在调度的指挥下完成接发列车工作，保证列车按照列车运行图安全、正点地运行。车站行车指挥系统一般设有值班站长、车站控制室行车值班员和站务员等岗位。值班站长负责全站行车组织、客运组织的指挥工作，而具体行车组织工作的实施和指挥则由车站控制室行车值班员完成。行车值班员主要负责列车运行监控、接收调度命令、按调度要求组织行车以及监控设备状态。站务员主要负责列车监控、乘客上下车组织、设备监控及处理设备故障。

一、车站控制室的设备及功能

车站控制室一般设有信号系统终端操作设备、通信设备、环境控制设备等，如图 2-1 所示。

1. 信号系统终端操作设备

信号系统终端操作设备主要设置在综合后备盘（IBP 控制盘）上，通常具有扣车、设置紧急停车、解除扣车、取消紧急停车、故障报警等功能。在联锁站一般还设有信号系统现场操作站，通常具备人工排列进路、信号开放、道岔

图 2-1 城市轨道交通车站控制室

转换、列车扣停、提前释放运营停车点等功能。

2. 通信设备

（1）调度电话　车站调度电话可与行车调度、电力调度、设修调度及相邻车站间进行通话。

（2）广播系统　车站的广播系统只能对车站区域进行广播，可实现人工广播和语音广播。

（3）闭路电视监视系统　车站闭路电视监视系统只能对车站区域摄像头范围内的情况进行监视、录像。

（4）调度命令打印系统　车站调度命令打印系统只设终端打印机，将控制中心的命令直接打印出来。

（5）施工作业管理系统　车站施工作业管理系统与中央控制中心的功能一致，只是在审批权限上有所区别。

3. 环境控制设备

环境控制设备功能与中央环境调度系统相同，唯一的区别是车站只监控本站的设备系统，而中央环境控制调度系统可监控全线车站的设备系统。车站环境控制设备对本车站冷水机组、风机组及空调机组、通风系统、给水排水系统、照明系统、屏蔽门系统、系统环境变化等进行监视和控制。

（1）对冷水机组的监控

1）实时控制。按时间程序，自动启动、停止。

2）启动/停止顺序控制。根据操作或设备要求按冷水机组→冷冻水泵→冷却水泵→冷却塔设施的顺序联锁启动、停止。

3）节能及优化启停控制。根据冷冻供水、回水温度差及回水流量，计算出实际冷负荷，用来确定冷水机组开启的台数。冷水机组的启停顺序是根据机组运行时间来确定的，累计运行时间少的先启动，运行时间长的先停止，保证各机组具有均匀的运行时间。

4）压差控制。设于供水管、回水管间的旁通阀的开度会自动调节。当机组运行后，根据供回水压差自动调节相关阀门开度，保持供回水压差平衡。

5）监视功能。监视冷水机组各设备工作状态、事故状态，并累计设备运行时间。

6）显示、打印。包括被监控参数、设备状态、报警、动态流程图的显示及打印。

（2）对风机组及空调机组的监控

1）实时控制。按时间程序，自动启动、停止。

2）温度控制。测量回风或送风温度并与设定值比较，按比例积分规律输出相应的控制信号。

3）调节电动阀的开度，使回风和送风温度控制在设定值范围内。

4）监视功能。监视风机运行状态、故障状态，累计运行时间，发出过滤器阻塞报警及送风温度超限报警。

5）显示、打印。包括被监控参数、状态、报警、动态流程图的显示及打印。

（3）对通风系统的监控

1）实时控制。各送风机、排风机实时启动、停止；在火灾时，也可实现启动排烟系统的功能。

2）监视功能。监视风机的运行状态和故障状态，并累计运行时间。

（4）对给水排水系统的监控

1）监视各类水池、水箱的水位上下限，并根据上下限水位，启动、停止相关水泵。

2）监视各类水泵的运行状态、故障状态，并累计运行时间，根据累计时间自动调整水泵的常用、备用状态。

（5）对照明系统的监控

1）监视功能。监视照明系统工作状态和故障状态，根据时间表控制及客流控制等方式实现照明系统节能运行，以及在灾害模式下，切换照明系统用电及应急疏散导向系统。

2）显示、打印。包括被监控参数、状态、报警、动态流程图的显示及打印。

（6）对屏蔽门系统的监控 监控屏蔽门系统运行状态、故障状态、紧急开关门状态，根据模式控制要求输出屏蔽门控制指令等。

（7）对系统环境变化的监控 进行温度、湿度检测以及空气质量检测，控制相应的空调系统以实现对环境的控制。

二、运营前准备

车站每天运营前应在规定时间根据施工登记表检查当晚的所有维修施工及调试作业是否完毕及销点，线路巡视工作是否完成，确认线路出清并符合行车条件后进行运营前的准备工作。

1. 试验道岔

每天运营开始前在规定时间，各联锁站（一般指有联锁设备的车站）的行车值班员按照行车调度员要求试验道岔。试验完毕，将控制权交回行车调度员。如果发现道岔不能正常使用，及时通知设修调度员派人来检查抢修。

2. 检查和准备

主要检查车站值班人员到岗情况，检查站台区域轨行区是否有异物侵入限界，开关屏蔽门以检查屏蔽门状态。

三、运营期间

车站行车组织工作由车站当班值班站长统一负责，行车值班员具体负责。值班站长必须服从行车调度员的统一指挥，执行行车调度员命令。正常情况下车站的行车组织作业主要包括首班车组织及末班车组织、运营期间的接发列车作业和向行车调度员报告几方面。

1. 首班车的组织

开行首班车前，车站各岗位工作人员要准时开门、开启电扶梯及照明、巡视车站等。首班客车发车前规定时间内开始向乘客广播第一列车的到达时间及注意事项。

2. 接发列车作业

列车实行自动驾驶运行，车站原则上不办理接发列车作业。车站对列车运行进行监视，负责向行调报点。只有在信号联锁故障，需人工排列进路，组织列车运行及列车开到区间因故障要退回车站等特殊情况下需办理接发列车作业。

一般城市轨道交通车站接发列车的基本程序为：办理闭塞、布置与准备进路、排列进路、接送列车、车站报点（作为开通区间的同步作业）五个步骤。具体接发列车作业程序与信号联锁设备及其状态有关。

1）办理闭塞。闭塞的实质是同一区段在同一时间内只允许一列车占用。办理闭塞实际上就是使出发点列车取得占用区间的许可权。闭塞区段有以联锁范围为一闭塞区段划分的，也有以相邻两车站间为一闭塞区段划分的，一般情况下视行车间隔和运行效率不同来划分。

办理闭塞时，由区间两端车站行车值班员通过按压闭塞按钮办理闭塞，当区间两站闭塞表示灯均亮绿灯时即表示闭塞好了。无闭塞按钮装置时，可通过电话办理闭塞。

2）布置与准备进路。

① 布置进路。轨道交通系统接发列车的关键是正确及时地准备好列车进路，值班站长或行车值班员必须亲自布置和确认进站是否准备妥当。布置进路时，应讲清两项内容：一是车次，二是列车占用的线路。如果车站一端有两个或两个以上列车运行方向或双线反方向行车时，还应认清方向。

② 准备进路。准备进路与联锁设备有关，电气集中联锁和微机联锁均是进路式集中联锁。准备进路时，顺序按压进路始端、终端按钮，道岔即自动转换并锁闭进路，进路一次性排列完毕，同时防护该进路的信号机自动开放。

布置和准备进路涉及闭塞区段的两个车站，一个车站负责办理接车进路，另一个车站负责办理发车进路。

3）排列进路。当集中联锁站接发列车进路准备好了后，信号自动开放，由于轨道电路的作用，当机车或车辆第一对轮越过该信号机后即自动关闭。

4）接送列车。在此类条件下，列车发车凭证一般为车站的发车手信号。列车发车后到达下一车站停车，没有特殊的接车工作内容。

5）车站报点。列车自动监控子系统正常时，城市轨道交通系统各站不向行车调度员报列车到开点；列车自动监控子系统不能正常显示时，部分联锁站向行车调度员报点。采用调度监督下的半自动控制组织行车，车站须向行车调度员报点，并同时向前方站报开点；正常情况下，列车在车站的停站时间增晚在规定时间30s及30s以上时，车站要向行车调度员报告原因。

3. 末班车组织

车站在末班车开出前应在规定时间内开始广播，通知停止售票和进站检票工作，检查、确认付费区内乘客均已上车，并确认无异常情况后才能向司机显示发车信号。在最后一班车离开车站后，应即时清客，关闭车站出入口，关闭扶梯，并执行车站省电照明模式。

运营结束后车站主要负责组织施工计划的实施，办理施工请销点手续，确认人员进出轨行区及出清情况。

四、车站接发列车作业程序

采用调度监督下的半自动控制组织行车时，城市轨道交通系统都有自己的接发列车标准，但也不尽相同。下面以表2-1、表2-2为例介绍接发列车作业的基本程序。

表 2-1 接车作业程序

作业程序	作业程序用语		
	值班站长	行车值班员	站台接车人员
听取预告	1. 根据行车日志和 HMI 工作站显示，确认接车线路空闲 2. 听取发车站预告"××次预告"并复诵，通知行车值班员"排列××次接车进路"	—	—
排列进路	4. 确认接车进路信号开放正确后，复诵"信号好了"	3. 听取值班站长"排列××次接车进路"后，在 LOW 工作站上排列列车进路，确认进路防护信号开放好后口呼"信号好了"	—
接车	5. 听取发车站报点，复诵并填写行车日志	—	—
	6. 通知站台接发车人员"××次开过来，准备接车"并听取汇报	—	7. 站台接车人员复诵"××次开过来，准备接车"，并立岗接车
	9. 监视列车到达	10. 监视列车到达	8. 监视列车到达及注意站台乘客安全
报点	11. 向发车站报点："××次×点×分×秒到"，并填写行车日志	—	—
	12. 向行车调度员报点"××次×点×分×秒到"		

表 2-2 发车作业程序

作业程序	作业程序用语		
	值班站长	行车值班员	站台接车人员
发车预告	1. 根据行车日志和 LOW 显示，确认发车线路空闲，向前一 LOW 工作站预告"××次预告" 2. 填写行车日志	—	—
排列进路	3. 听取接车站"同意××次发车"，并复诵 4. 通知行车值班员"排列××次发车进路" 6. 确认发车进路好后，复诵"信号好了"	5. 复诵："排列××次发车进路"的命令后，排列发车进路。确认进路排列好，信号开放后，口呼"信号好了"	—

（续）

作业程序	作业程序用语		
	值班站长	行车值班员	站台接车人员
发车	7. 通知站台发车人员"××次发车"	—	8. 复诵："××次发车"，确认车门关闭好后，向司机显示"车门关闭好了"的手信号
	11. 监视列车运行	10. 监视列车运行，直到列车出清车站线路	9. 监视列车运行及注意站台乘客安全
报点	12. 向接车站报点："××次×点×分×秒开" 13. 填写行车日志	—	—
	14. 向行车调度员报点："××次×点×分×秒开"	—	—

课题二　正常情况下接发列车

车站的接发列车工作是行车组织的重要环节，也是保证列车按照列车运行图安全正点运行、保证城市轨道交通畅通的关键环节。接发列车工作是车站，尤其是有岔站的重要任务之一。由于参与的人员多，作业环节复杂，在接发列车工作中的任何疏忽或差错都有可能造成列车晚点或行车事故，其影响会波及其他车站甚至全线。因此正确及时地进行车站接发列车作业，对畅通无阻、安全正点和质量完好地完成运营任务，具有十分重要的意义。

一、正常情况下的接发列车原则

1）车站行车组织工作由行车值班员统一负责，行车值班员必须服从行车调度员（简称行调）的指挥，执行行调的命令。

2）正常情况下车站不办理接发列车作业，列车以规定速度进站，车站不显示接车信号。

二、正常情况下的接发车作业标准

正常情况下的接发车作业标准见表2-3。

表2-3　车站接发车作业标准

标准 程序	岗位		说明
	站台安全员	行车值班员	
一、检查线路	1. 根据行调指示，与行调确认使用时刻表版本 2. 布置站台安全员检查站台、线路 3. 听取汇报："人员线路清，设备正常"。	1. 到岗后根据行车值班员指示，检查站台设备及线路，无异常后向车控室行车值班员汇报："人员线路清，设备正常" 2. 站在指定区域巡视站台	1. 当时刻表变更时，行车值班员应将当天使用的时刻表版本及首末班车时刻等主要信息告知各个岗位 2. 站台设备包括线路站名牌、站台DTI、PIS、垃圾桶、座椅等

(续)

程序	标准 岗位		说　明
	站台安全员	行车值班员	
二、准备接车	4. 监控 LOW 和 CCTV	3. 当 PIS 显示列车还有 1min 进站时，再次确认人员线路清、站台乘客全部站在安全黄线内后，鸣笛一长声，站在指定地点立岗接车 4. 如发现危及行车或人身安全情况时，应立即敲碎 ESB 玻璃按压紧急停车按钮并向车控室行车值班员汇报	原则上两名站台安全员应进行分工，分别负责上下行
三、接车	5. 通过 LOW 和 CCTV 监视列车进站和站台乘客动态。发现危及行车或人身安全情况时，立即按压 IBP 盘紧急停车按钮	5. 监视列车进站 6. 随时与车控室保持联系	1. 接车地点为黄线后第一块大理石，靠紧急停车按钮或电扶梯口附近 2. 接车时面向来车方向，并做三面转体接发列车
四、组织乘客上下车	6. 通过 CCTV 监控站台乘客上下车	7. 待列车停稳开门后，站在电扶梯或楼梯口，引导乘客有序上下车	站台安全员应随时注意发车情况，发现异常应立即报告行车值班员
五、列车出发	7. 通过 LOW 和 CCTV 监视列车出发及站台乘客动态	8. 列车关门后站在紧急停车按钮附近监视列车出站 9. 如发现危及行车或人身安全情况时，应立即敲碎 ESB 玻璃按压紧急停车按钮并向车控室行车值班员汇报 10. 列车全部出清站台后继续加强对站台的巡视，注意乘客动态	1. 注意电梯旁边乘客动态，防止列车关门时有乘客冲上车被车门夹伤 2. 列车启动后面向列车立岗发车，尾部通过身边时面送列车

说明：

1）表 2-3 为设备正常情况下的行车值班员和站台安全员的一次作业标准。

2）早班接班后、中班下班前必须对站台区域进行一次全面检查，检查完毕后将检查结果报告车控室行车值班员："人员线路清，设备正常"。

3）正常情况下行车值班员通过 HMI、CCTV 监视列车运行、到发情况，播放广播，做好乘客服务，监视站台乘客候车秩序，确保站台安全。

4）接车时站台岗要严格按照"接车三部曲"执行：接车时，在紧急停车按钮处立岗；车停稳后到楼梯/扶梯口立岗防止抢上；门关好后到紧急停车按钮处立岗。发生影响行车安全事件时，需立即通知车控室并视情况按压紧停按钮。

5）若有岔站，在 LOW 站控时还须负责进路的排列。

6）值班站长负责检查行车值班员、站台岗和巡视岗的行车作业情况。

三、报点规定

1）受话者必须在对话前先报自己的岗位名称。对于交代的任务必须复诵，禁止用"明白"代替。

2）行车用话必须用普通话，吐字清晰，语速适中。

3）在 ATS 正常时：各站不向行调报点，加开列车时车站不向行调报点但需向邻站报点。标准用语：××站报点××次××分（通过、开）。晚点时：××站××次因××原因×时×分开（到、开）。

4）客车在任何车站停站时分增晚 30s 及以上时，车站要向行调报告原因。报告时，应采用以下标准用语：

列车在站内故障：××站××次车站内故障。

列车在信号机前停车：××次××信号机前停车。

LOW 故障：××站报告，××站 LOW 联锁区段出现×××故障。

四、工程车、轨道车开行的规定

1）工程车可以牵引运行，也可推进运行，各站按正常列车办理。

2）工程车开行时装载有高度超过轨面 3800mm 的货物时，接触网必须停电。

3）工程车在正线运行时，凭地面信号及调度命令行车，工程车与前方列车间须保证至少有两站两区间的安全距离，必须开行多辆工程车时应由值班主任同意，调度、司机、车站应加强联控，确保安全。工程车在区间、非联锁站及无信号机的车站作业后折返时，凭调度命令行车。

4）工程车进出正线的规定如下：

① 工程车必须在本线路最后一列电客车出清后上线。

② 在有工程车返回的线路上施工时，有关作业原则上在运行图首列车开出 80min 前结束，并出清线路。

5）车站原则上不用接发列车，工程车在运行中司机、车长通过 800MHz 电台加强与车站联系，掌握运行计划，确认运行进路。

课题三　非正常情况下的行车组织

为保证列车运行安全，在组织列车运行时，通过设备或人工控制，使发出列车保持一定间隔距离安全行车的方法叫行车闭塞法。用于行车闭塞的设备叫作闭塞设备。闭塞设备必须保证在同一区间或闭塞分区内的同一线路上，在同一时间内只能允许有一个列车占用。

城市轨道交通通常采用自动闭塞法，自动闭塞是由运行中的列车自动完成闭塞作用的一种闭塞方式。在正常情况下，根据 ATC 系统原理自动控制列车运行，由 OCC 负责控制列车的安全间隔和运行，两列载客列车或载客列车在空车后运行时，必须保持一个区间及以上的间隔。当 ATC 系统发生故障或闭塞设备无法满足列车运行要求时，由相邻两站行车值班员利用站间电话联系。

以电话记录的方式办理闭塞的方法，均为代用闭塞法。代用闭塞法包括电话闭塞法和电话联系法，正线各站之间采用站间电话闭塞法。

一、电话闭塞法

在正线信号设备故障联锁失效的情况下，相关车站根据行调的调度命令，采用站间电话闭塞法组织行车。

1）相关车站值班站长要及时回到站控室负责组织车站行车作业，并根据行调发布的命令就地组织控制行车，安排车站值班员到站台接发列车，通知相邻车站采用站间电话闭塞法组织行车，并把调度命令内容通知司机。

2）采用站间电话闭塞法行车时，同一方向相邻两个区间及站内线路内只允许一趟列车占用。

3）按电话闭塞法组织第一趟列车运行时，值班主任和两名行调与车站的值班站长共同确认区间空闲，接车站值班站长要与行调及接车站的前方站的值班站长共同确认区间空闲。

4）接车站值班站长在收到同方向前次列车在前方站出发（折返站的后方站同意接车的条件是列车进入折返线，折返站同意接车的条件是列车完成折返作业）的电话报点记录、接车线路准备妥当后，方可同意闭塞（当变更固定接车线路时应说明接车线路）。

5）单个联锁区故障时，非故障车站（故障区段的相邻车站）同意闭塞的条件是接车进路准备完毕、接车站台及前方区间空闲。

6）发车站值班站长在查明区间空闲、发车进路准备妥当并取得接车站同意的电话记录号码后，方可通知站台值班员填发路票。站台值班员向司机交付路票后，方可显示发车信号。

7）故障联锁站正线上的道岔均要开通正线，并使用钩锁器锁定；两端站的折返道岔在确认位置正确后，使用钩锁器但只挂不锁。列车进行折返作业时按调车方式办理，车站准备好进路后做发车手信号通知司机，不办理路票，列车凭车站发车手信号进出折返线。

8）发车信号显示时机：站台值班员接到站控室值班站长填写路票的命令并复诵正确，向司机交付路票后，确认乘客上下完毕后，向司机显示发车信号。车站显示发车信号的地点正线在驾驶端驾驶室旁，辅助线在原信号机适当位置。

9）当列车起运时，立即向前方站报开点；当列车出清站内线路后，再向后方站报线路开通点（列车开点）。车站（车场）报点规定如下：

① 迫停区间的列车到达前方车站，车站须向行调及后方站报点。

② 全线信号联锁系统故障时，所有车站必须向邻站报出发点（折返列车出清站台点），集中站向行调报点。

③ 联锁区信号联锁系统故障时，故障区域内的车站及相邻车站为闭塞车站，故障区域内两端站及集中站及时向行调报点，闭塞车站之间相互报发点（折返列车到达及出清站台点）。

④ 车场办理电话闭塞法时，必须向行调及同意闭塞的车站报点。

10）值班站长要通过 CCTV 加强对站台值班员工作的监控，防止错误办理发车手续。

11）交接路票时必须核对的内容有：日期、车次、区间、电话记录号、行车专用章、签名等。

12）值班员接车从司机处回收路票后须及时在其正面对角线打"×"并上交。
13）站间电话闭塞法发车作业程序见下2-4。

表2-4　站间电话闭塞法发车作业程序

程　序	作业标准	
	值班站长	行车值班员
一、请求闭塞	1. 根据行车日志、调度命令确认区间线路空闲（第一趟列车与行调、接车站共同确认）	—
	—	2. 向前方站请求闭塞："××次请求闭塞"
二、准备发车进路	3. 布置值班员："准备××次×道（上/下行线）发车进路"	4. 复诵"准备××次×道（上/下行线）发车进路"
	6. 听取汇报，复诵"××站××次×道（上/下行线）发车进路好了（线路出清）"	5. 将进路上的道岔开通正确位置并加锁，确认正确后，向值班站长报告"××次×道（上/下行线）发车进路好了（线路出清）"
三、办理闭塞	7. 复诵："电话记录××号，同意××次××到××站上/下行闭塞"	—
	8. 填写行车日志	
	9. 布置行车值班员填写路票	10. 根据值班站长命令填写路票并向值班站长复诵
	11. 指示行车值班员向司机交付路票后显示发车信号	12. 向司机交付路票后，确认乘客上下完毕，列车车门关闭后向司机显示发车信号
四、列车出发	14. 复诵"××次出发"，填写行车日志	13. 列车出清站台区后，向车控室报"××次出发"
	15. 列车出发后，向前方站（接车站）（行调）报点，"××次××分开"。当列车尾部越过站台头端墙后，向后方站报点，"电话记录××号××次××分开"。开通区间	—
五、开通区间	16. 复诵前方接车站"电话记录××号××次××分开"，填写行车日志，开通区间	—

14）站间电话闭塞法接车作业程序见表2-5。

表2-5　站间电话闭塞法接车作业程序

程　序	作业标准	
	值班站长	行车值班员
一、听取闭塞车请求	1. 听取后方站发车请求、复诵"××站××次请求闭塞"	—
	2. 根据行车日志（或通过LOW、CCTV）、调度命令确认站内线路空闲和区间线路空闲（第一趟列车与行调、发车站共同确认）	—

（续）

程　序	作业标准	
	值班站长	行车值班员
一、听取闭塞车请求	3. 根据行车日志确认前方站线路空闲和区间线路空闲（第一趟列车与行调、前方站共同确认）	—
二、检查及准备进路	4. 布置行车值班员（站务员）："检查×道，准备××次×道（上行或下行线）接车进路"	5. 复诵"检查×道，准备××次×道（上行或下行线）接车进路"
	7. 听取汇报后，复诵"××次×道（上或下行线）接车进路好了（线路出清）"	6. 将进路上的道岔开通正确位置并加锁，向值班站长报告"××次×道（上/下行线）接车进路好了（线路出清）"
三、同意闭塞	8. 通知发车站"电话记录××号×分同意××次××到××站上/下行闭塞"，填写行车日志，准备接车	—
四、接车	9. 听取发车站的发车通知复诵："××次××分开"，填写行车日志，并向前方站请求闭塞	—
	10. 布置行车值班员"××次开过来了，准备接车"	11. 复诵"××次开过来了，准备接车"。监视列车进站停车
	13. 复诵"××次到达"，填写行车日志，向行调报点	12. 列车对位停车后，向值班站长报"××次到达"
五、开通区间	14. 列车本站开出后，向发车站报点"电话记录××号××次××分开"。开通区间	—

二、电话联系法

车场与正线连接站间信号故障时，车场与车站间采用站间电话联系法组织行车。

1）行调向车站（场）发布执行车站间电话联系法的口头命令后，车站或车场通知司机调度命令的内容，由车站值班站长/行车值班员与车辆段（停车场）车场调度员/信号楼值班员共同确认第一趟发出的列车运行前方的区段空闲。

2）转换轨区段及车站（场）的接车线路内只允许一趟列车占用，列车进出场的行车凭证为电话记录号码。

3）车站值班站长和信号楼值班员共同确认转换轨区段及车站（场）的接车线路空闲、准备好接车线路后，才可以发出同意接车的电话记录号码并说明接车线路。发车场（站）接到接车站（场）同意发车的电话记录号码，填写路票并核对无误后，将电话记录号码和接车线路通知司机。

4）电话联系法组织行车时车站发车作业程序见表2-6。

单元二　城市轨道交通行车组织

表 2-6　电话联系法组织行车时车站发车作业程序

程　序	作　业　标　准	
	值班站长	行车值班员（站务员）
一、请求闭塞	1. 根据行车日志（或通过 LOW）、调度命令确认转换轨线路空闲（第一趟列车与行调、车场共同确认）	—
	2. 向车场请求闭塞"××次请求闭塞"	—
二、准备发车进路	3. 布置行车值班员"准备××次发车进路"	4. 复诵"准备××次发车进路"
	6. 听取汇报，复诵"××次××道发车进路好了（线路出清）"	5. 将进路上的道岔及防护道岔开通正确位置并加锁。经确认正确后，向值班站长报告"××次××道发车进路好了（线路出清）"
三、办理闭塞	7. 复诵接车站发出的电话记录。"电话记录××号，××分同意××次闭塞"	—
	8. 填写行车日志，对照行车日志，填写路票	—
四、列车出发	9. 核对路票无误后将电话记录号码和接线路通知司机	—
	10. 指示值班员发车。	11. 接到值班站长指示发车的指令后，向司机显示发车信号
	13. 复诵"××次出发"，填写行车日志	12. 列车出清站台区后，向站控室报"××次出发"
	14. 列车出发后，向车场、行调报点，"××次××分开"	—
五、开通转换轨	15. 复诵列车到达车场时刻及号码"电话记录号××次××点××分到"，填写行车日志，确认转换轨开通	—

5）电话联系法组织行车时车站接车作业程序见表 2-7。

表 2-7　车站接车作业程序

程　序	作业程序及用语	
	值班站长（行车值班员）	行车值班员（站台安全员）
一、听取闭塞预报	1. 听取车场闭塞请求复诵"×次请求闭塞"	—
	2. 根据行车日志（或通过 LOW、CCTV）、调度命令确认站内线路空闲和转换轨线路空闲（第一趟列车与行调、车场共同确认）	—
二、检查及准备进路	3. 布置行车值班员（站务员）："检查××道，准备××次接车进路"	4. 复诵"检查××道，准备××次接车进路"
	6. 听取汇报后，复诵"××次××道发车进路好了（线路出清）"	5. 检查线路空闲，将进路上的道岔及防护道岔开通正确位置并加锁。经确认正确后，向值班站长报告"××次××道发车进路好了（线路出清）"

41

（续）

程　序	作业程序及用语	
	值班站长（行车值班员）	行车值班员（站台安全员）
三、承认闭塞	7. 通知车场"电话记录××号××点××分同意××次闭塞"，填写行车日志准备接车	—
四、接车	8. 听取车场发车通知复诵："××次××分开"，填写行车日志	—
	9. 布置值班员"××次开过来，准备接车"	10. 复诵"××次开过来，准备接车"。监视列车进站停车
	—	11. 列车对位停车后，向值班站长报"××次到达"
五、开通转换轨	12. 复诵"××次到达"，填写行车日志，通知车场"电话记录××号××次××点××分到"，开通转换轨	—
	13. 向行调报点"××次××到"	

三、使用路票和电话记录号码的补充规定

1）已办妥闭塞因故不能接车或发车时，立即发出停车手信号进行防护，由提出一方发出电话记录号码作为取消闭塞的依据。

2）列车由站间的途中退回发车站时，由发车站发出电话记录号码作为取消闭塞的依据；并要及时向行调报告。

3）取消闭塞用语：请求取消××次闭塞，同意取消××次闭塞，电话记录××号，××分取消××次闭塞。

4）路票作为行车凭证有一定严肃性，不得随意涂写、撕毁，作废路票需写明作废原因并做成记录连同废票交接保管备案。

5）路票填写如有增添字句及涂改，均应作废，必须重新填写。

6）路票必须按顺序逐张使用，路票由值班站长（行车值班员）亲自签发，并对路票的电话记录号码、车次、方向、站印、日期、当班行车值班员姓名进行确认。

7）发车进路未准备妥当不准填写路票。

8）如在办妥电话闭塞手续后，行车调度员临时下令因故取消站间电话闭塞时，对已填发的路票应打"×"注销。

9）车控室应经常保持不少于500张加盖行车专用章的路票。

10）车站必须设专人负责路票的按顺序核对及保管和领取，打"×"作废的路票应集中保管30天后自行销毁。

11）电话记录号码自每日0时起至24时止，按日循环顺序使用。

12）路票填写的日期以接车站承认闭塞时间为准，零时前办理的闭塞，司机如在零时后收到路票仍视为有效。

13）号码一经发出无论生效与否均不得重复使用。

14）某车站电话记录号码见表2-8。

表2-8　某车站电话记录号码

车站（场）	电话记录号码	车站（场）	电话记录号码	车站（场）	电话记录号码
石路头停车场	5101-5199	大卿桥	0801-0899	世纪大道	1601-1699
高桥西	0101-0199	西门口	0901-0999	海晏北路	1701-1799
高桥	0201-0299	鼓楼	1001-1099	福庆北路	1801-1899
梁祝	0301-0399	东门口	1101-1199	盛莫路	1901-1999
芦港	0401-0499	江厦桥东	1201-1299	东环南路	2001-2099
徐家漕	0501-0599	舟孟北路	1301-1399	天童庄车辆段	5001-5099
望春桥	0601-0699	樱花公园	1401-1499		
泽民	0701-0799	福明路	1501-1599		

四、人工排列进路

1. 人工排列进路的作业程序

1）值班员和站务员两人携带工具：信号灯/旗、手摇把、道岔钥匙、钩锁器、扳手、对讲机、无线调度电台、手电筒、荧光衣、手套、800M手持台、蝶形钥匙、红闪灯、屏蔽门钥匙。

2）下线路前须得到行调允许，人工准备进路必须从距车站最远的道岔开始，从远到近依次排列。

3）现场确认道岔，需要转向时应一人操作、一人防护、确认。操作者用工具按正确程序打开盖孔板，手摇道岔，准备好进路，另一人确认道岔位置正确后加锁。

4）确认进路上各道岔的开通位置时，相互用对讲机联络。

5）当上（下）行线路的进路准备妥当并出清线路后，报告站控室（对讲机工作盲区可由行调中转），再准备下（上）行线路进路。

6）值班站长接到进路准备妥当、线路出清的汇报后，立即做好相应线路的接车或发车准备工作并报告行调。

2. 手摇道岔工作必须严格执行"手摇道岔六部曲"

一看：看道岔开通位置是否正确，是否需要改变位置，是否有钩锁器。

二开：打开盖孔板及钩锁器的锁，拆下钩锁器。

三摇：摇道岔转向所需的位置，在听到"咔嚓"的落槽声后停止。

四确认：手指尖轨，"尖轨密贴开通×位"并和另一人共同确认。

五加锁：另一人在确认道岔位置开通正确后，用钩锁器锁定道岔尖轨。

六汇报：向站控室汇报道岔开通位置正确。

五、接发列车其他规定

1）特殊情况下接发列车时显示手信号的时机：

① 接车时，在看见列车头部灯时开始显示。

② 通过列车，应待列车头部越过信号显示地点后方可收回。

③ 停站列车，应待列车停车后方可收回。

④ 发车信号（或好了信号）显示，必须在司机鸣笛回示后方可收回。

⑤ 引导手信号，待列车头部越过信号显示地点后方可收回。

2）当列车头部已进入站线、存车线、折返线，但未到停车标自动停车（不含紧急制动停车）时，司机确认运行前方无异常后，改用 ATPM 或 RM（须经行调同意）动车对位后报行调。

① 运营列车进站头部越出停车标但未越出 5m 标时，司机改用 RM 退行对标。

② 非末班车在非终点站进站头部越出 5m 标不超过一节车时，司机报告行调并经其同意后切除 ATC 以 URM 退行对标。

③ 非末班车在非终点站进站头部越出 5m 标超过一节车时，司机报告行调并经其同意后继续运行至前方站停车，并做好相应乘客广播，行调应及时通知本站及前方站做好客运服务工作。末班车越出"5m 标"时，司机报告行调并经其同意后切除 ATC 以 URM 退行对标。

④ 列车进入终点站越出 5m 标时，司机报告行调，行调须在后方车站扣停（紧急情况下须在区间扣停）后续列车后通知司机切除 ATC 以 URM 退行对标。

3）列车运行图中没有规定通过车站或无行调命令，司机不得驾驶客车通过车站；但列车通过车站时，司机应及时广播通知乘客。

单元考核

1. 简述车站控制室的设备及功能。
2. 城市轨道交通车站接发列车的基本程序是什么？
3. 正常情况下的接发列车原则有哪些？
4. 简述工程车、轨道车开行的规定。
5. 简述站间电话闭塞法发/接车作业程序。

单元三

车站票务管理

【课题目标】

1. 熟悉 AFC 系统知识。
2. 熟悉车站票务管理规定内容。
3. 掌握车站票务应急处理内容。
4. 掌握车站票务异常交易处理内容。

课题一 车站自动售检票系统

一、自动售检票系统的定义

自动售检票系统（AFC，Automatic Fare Collection）是基于计算机、通信、网络、自动控制等技术，实现轨道交通售票、检票、计费、收费、统计、清分、管理等全过程的自动化系统。国内轨道交通 AFC 系统的发展经历了从无到有的过程。随着计算机技术和软件的发展，我国城市轨道交通 AFC 的技术已与城市一卡通接轨，实现城市甚至城际的一卡通。

二、AFC 系统的作用及功能

1. AFC 系统的作用

AFC 系统是轨道交通公司用来管理、控制轨道交通网络的乘客流，并确保：
1）来自轨道交通乘客的消费费用数额正确。
2）刷卡费用能安全的采集到。
3）在轨道交通网络的各阶段 AFC 处理中，现金和刷卡都能充分使用。
4）乘客和 AFC 系统的交互应尽可能地简单有效。

2. AFC 系统的功能

1）票务处理：售票、票充值、乘客访问控制、票控制。
2）参数和密钥数据处理。
3）AFC 数据流处理。

4）AFC 系统监控。

5）AFC 报告。

6）系统管理。

7）安全管理。

三、AFC 系统概述

AFC 系统建立在乘客购买的非接触式票卡的使用基础上，这些票卡在轨道交通车站的进站和出站处被检查。PCA 也是用来管理乘客票卡的。

1. AFC 系统操作建立的规则

1）出站处扣除费用。

2）票卡里已包含一段或多段行程的费用。

3）乘客在出站处扣除费用时若票卡内余额不足，必须充值或买一张筹码，否则不能离开。

2. 两种非接触式票卡

1）CSC（非接触式智能卡）：一种塑料信用卡大小的票卡（图 3-1a），它里面含有无线频率接收器，可以使票卡和 AFC 设备无须接触就能使用，无线频率接收器能在票卡和消费机之间双向传输数据。CSC 分为非接触式智能记忆卡和非接触式智能维护卡。非接触式智能维护卡主要是 AFC 检修人员与员工使用为主的。

2）CST（非接触式智能筹码）：圆形塑料卡（图 3-1b），只能用于单程，同样内置无线频率接收器，用来支持非接触式数据读写。每张票卡上都印有一个唯一的个人标识号，并且通过系统，每张卡还有一个唯一的序列号和相关状态。票卡是不计名的，不包含任何个人信息（姓名，照片）。

　　　　a)　　　　　　　　　　　　b)

图 3-1　非接触式票卡

3. 票卡种类（表 3-1）

表 3-1　票卡种类

票卡种类	票的介质种类		
	非接触式智能筹码	非接触式智能记忆卡	非接触式智能维护卡
单程票	√		
出站票	√		
储值票		√	√

(续)

票卡种类	票的介质种类		
	非接触式智能筹码	非接触式智能记忆卡	非接触式智能维护卡
多程票		√	
纪念票	√	√	
测试票	√		√
员工票			√

表中行程票（单程或多程票）在出售当日用于指定的从交付站开始的某路行程。目的地和行程相关的消费费用，都标示在票卡上。储值票可用于标示范围内的若干次行程。一种费用介质上只会存在一种票卡类型。

四、AFC 系统设备配置

1）车站设备：车站计算机、自动售票机（TVM）、半自动售票机（BOM）、闸机（GATE）、便携式验票机（PCA）。

2）中央计算机系统：数据中心、管理控制台和认证授权服务器（AC&CA）、中间件服务器、网络管理控制台、存档服务器、备份服务器和时钟中心、操作员工作站。

3）介质处理工具，包括卡的初始化机。

4）带有一套车站设备的维护和培训中心。

5）轨道交通公司的 IDC，用于和中央计算机数据中心通信的子系统。

6）轨道交通公司广域网，用于将各车站的计算机连接到中央计算机。

AFC 系统是个独立的系统，它不会连到外部银行或其他运营商。AFC 系统配置如图 3-2 所示。

五、AFC 车站设备

（1）车站计算机（SC）　用于闸机、TVM、BOM 等设备所在车站的控制和本地配置，还有每个车站的本地数据收集。

（2）自动售票机（TVM）　如图 3-3a 所示，自动售票机用于出售 Token（非接触式智能筹码），接受银行票据和硬币。

（3）半自动售票机（BOM）　如图 3-3b 所示，半自动售票机用于出售票卡（CSC 和 CST），售票亭里接收用户咨询。

（4）闸机（AG）　如图 3-3c 所示，闸机装备有票卡控制系统和扇门，在付费区和非付费区之间控制人流。

（5）便携式验票机（PCA）　如图 3-3d 所示，便携式验票机用来控制付费区内的非接触式筹码和卡。PCA 是个移动设备，它能通过通信单元便携地连接到车站计算机上。

六、AFC 中央计算机

中央计算机系统（CC）是 AFC 系统的核心，它提供了监控、监视、设定参数、收集验证和销售数据、审计所有其他设备类型的功能，并产生上面提到的活动的报表。它同样能控

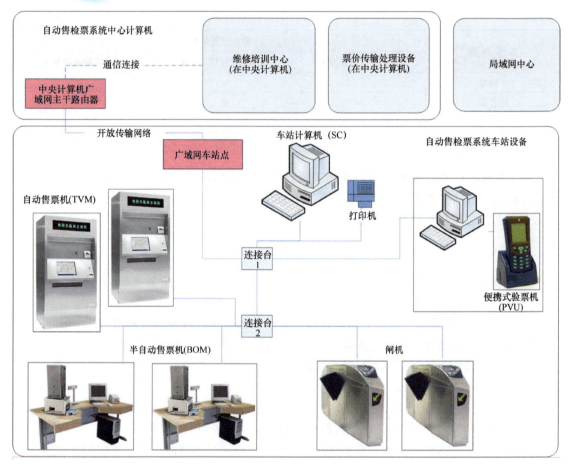

图 3-2 AFC 系统配置

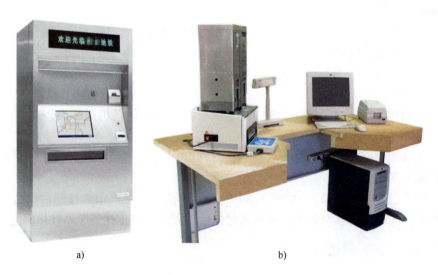

图 3-3 AFC 车站设备
a) 自动售票机（TVM） b) 半自动售票机（BOM）

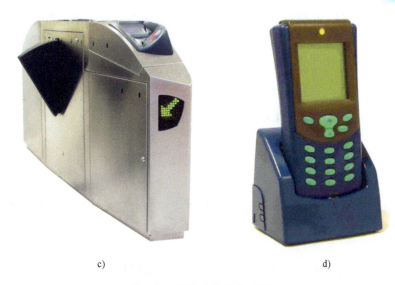

图 3-3　AFC 车站设备（续）
c）闸机　d）便携式验票机

制非接触式票卡的生产，运行 AFC 维护管理系统，如图 3-4 所示。

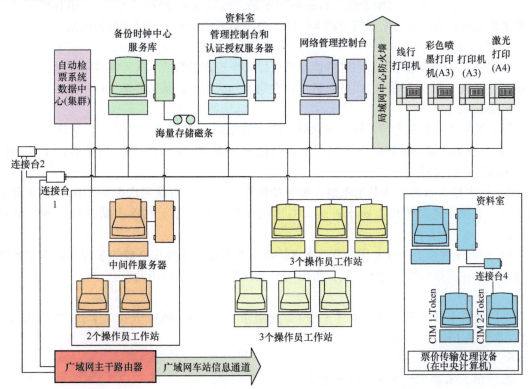

图 3-4　AFC 中央计算机

中央计算机系统（CC）由以下部分构成：数据中心、管理控制台和认证授权服务器（AC&CA）、中间件服务器、网络管理控制台、存档服务器、备份和时钟中心、操作员工作站。

中央计算机系统（CC）储存并处理所有从 AFC 各设备收集上来的数据，产生报表，发送设备运行参数（EOD）、安全加密数据和各种设备的软件升级包（通过车站计算机），并且管理 AFC 系统的所有操作功能。

课题二　车站票务管理规定

一、票种

目前城市轨道交通中可用的票种有：单程票、一卡通票、计次票、纪念票、专用地铁卡、纸票。

1. 单程票

单程票为地铁专用车票，乘客只能在站厅内自动售票机或半自动售票机处购买。单程票只在当日运营时间内有效，在所购车站进入，乘坐车费以内的车程，出站时由闸机回收。

2. 一卡通票

城市公用事业 IC 卡有限公司发行的通用车票，可以乘坐地铁、公交、出租和轮渡。乘客乘坐地铁时，直接在进站闸机上刷卡进站，由出站闸机在一卡通票上扣值出站。

3. 计次票

计次票为地铁专用车票。乘客持该车票可以乘坐规定次数的车次。乘客乘坐地铁时，直接在进站闸机上刷卡进站，由出站闸机在计次票上扣次出站，每次乘车里程不限。

4. 纪念票

纪念票分为单程纪念票、计次纪念票、储值纪念票。

1）单程纪念票为地铁专用车票。乘客只能乘坐车费以内的车程，出站时，车票不回收，由乘客保留收藏。

2）计次纪念票为地铁专用车票。乘客持该车票可以乘坐规定次数的车次。乘客乘坐地铁时，直接在进站闸机上刷卡进站，由出站闸机在计次票上扣次出站，每次乘车里程不限。

3）储值纪念票为地铁专用车票。乘客持该车票可以乘坐规定金额的车次。乘客乘坐地铁时，直接在进站闸机上刷卡进站，由出站闸机在储值票上扣值出站。

5. 专用地铁卡

专用地铁卡分为普通工作卡（A 卡）、外服卡（B 卡）、施工卡（C 卡）、临时卡（D 卡）、本站进出卡（E 卡）。

6. 纸票

纸票在 AFC 故障情况下作应急备用。

二、票款交接流程

1）为确保票款安全，票款每日上午解行一次，由地铁总公司指定的银行到各车站收款。

2）车站与银行的票款交接人员应相对固定，并做好记录。

3）所有票款的清点、交接都需在监控下进行。

4）具体操作：

① 银行收款人员到达车站后，车站当班客运值班员需确认收款人员的身份，无误后由客运值班员与银行收款人员进行尾箱交接，办理交接手续。

② 在银行收款人员接收车站移交的尾箱后，客运值班员应要求银行收款人员在车站的封款箱交接记录台账上签章办理接收手续。

三、车票配送管理

1. 安全规定

1）车票出库须经布袋封装，封条上须注明加封内容（车票类型、数量）、加封人、加封日期，严禁拆开封条。

2）车票配送途中，一律放在封条完好的布袋内。

3）车票配送过程中，应有相对固定的人员。

4）配送途中，严禁办理私事或与票务无关的业务。

2. 配票

（1）在库存管理系统实施后

1）车票的配送需经过车票库存管理系统，并做好台账登记。

2）票卡组根据需要制定配票计划表，在中央车票库存管理系统中进行记录后，配送至车站。

3）配送员与客运值班员办理车票交接，做好登记，客运值班员还需在车站车票库存管理系统进行输入。

4）从车站设备中取出的票箱也需在车票库存管理系统中登记。

（2）在库存管理系统实施前

1）车票的配送须做到台账登记。

2）票务中心根据《车票配送实施办法》相关内容，为全线各车站配送单程票。

3）配收员与客运值班员办理车票交接，签字确认。

3. 回收

1）票卡组根据《车票配送实施办法》《单程票废票管理规定》相关内容，拟定车票回收计划表。

2）票卡组根据《车票配送实施办法》确定的回收时间，至车站收取，双方当面清点，签字确认。票卡组再次清点车票完毕后，将车票入库。

4. 配送过程中出现意外规定

1）如配送过程中发生抢劫和事故，配送人员应第一时间报警并维护现场，在确保人身安全的情况下保护车票的安全。

2）如配送过程中发生车票损坏、遗失或数量不符的情况应由在场人员签名确认情况，同时根据情况分别报客运部或安保部，并报票务部备案，根据《票务稽查管理办法》处理。

四、车票借用管理（非测试票）

1. 借用流程

1）车票借用人到票务部办理车票借用手续，填写车票借用审批表。

2）非分公司员工借用车票需到财务部交纳相应的押金。

3）车票借用人凭领导审批过的表格及押金收据到票务部办理借票手续。

2. 借用车票的归还

1）车票借用人需要在规定的时间内归还车票，逾期不能归还的，须到票务部办理续借手续（车票续借程序按借用车票的程序办理），超过10个工作日不办理续借手续押金不予退还，列入黑名单，票务部定期核销车票借用记录。

2）借票人需凭借票时办理的审批表到票务部票卡收益中心还票。票卡收益中心对所归还车票逐一检验，检验内容包括票种、数量，确认所还车票各类信息准确无误后，填写车票借用、退还记录表，办理还票手续，并做好相关台账记录。如发现车票票种、数量有误，要求借用单位调查原因，出具调查报告，签署部门意见。借用单位将书面文件交票务部，并在接到票务部签署意见的书面文件后3个工作日内到财务部补款，借用单位将财务部开具的补款收据交票务部。

3）针对AFC系统设备功能测试的借用车票归还时，允许有一定的差异，差异较大时应将车票进行补齐。

4）车票到期未办理续借手续或借用期间遗失车票者，经核实按相关规定处理。

5）还票手续办理完成后，票卡收益中心办理车票入库手续。

五、单程票废票管理

1）无效票由当班站务员将车票分类封入票务专用信封，并在信封上注明加封内容（车票类型、加封原因、金额、张数）、加封车站、加封人和加封日期。站务员当班结束后，随站务员结算单统一交客运值班员。

2）无效票由客运值班员根据信封封面的张数与站务员进行核对，确认无误后与站务员双人盖章加封。

3）废票和过期票由客运值班员负责收集，与当班值班站长当面清点、核对后，分类封装。

4）票卡收益中心车票配收员到各车站配发或回收车票时，当班客运值班员将车站的无效票、废票和过期票交车票配收员，填写单据，双方签字确认。

5）严禁私自截留无效票、废票和过期票；严禁赋值未使用的过期票且对之不分析、不报告、不在相关部门监督下私自销毁，否则按《票务稽查管理办法》相关规定进行处理。

6）无效票由客运值班员次日连同票务报表一起上交票卡收益中心收益组；废票、过期票由票卡收益中心指定日期进行回收。

7）收益组分析随报表上交的无效票，及时核对车票信息和票务报表，形成正确的运营收入，每周定期与票卡组进行车票的交接。

8）AFC软硬件、参数设置等原因产生的无效票和废票，AFC工程师应进行进一步分析，对不能解决的问题，须形成书面文件，及时提交给票务部及AFC承包商，并督促整改。

9）票卡组对人工分拣出来不能再次使用的车票，统计后入库，定期进行销毁工作（销毁步骤参照"车票销毁"进行）。对可再次使用的车票，定期进行重编码，登记台账后入库。

10）废票类型：

① 与乘客事务处理单相关的废票：BOM、TVM 出售的无效票、乘客退票（授权后）、超时等单程票。

② AFC 设备产生的废票：TVM 废票、GATE 废票、编码分拣机废票。

③ 已拆封的预赋值单程票废票：票务中心预赋值未售完的单程票。

④ 其他废票：车站废票箱内回收的单程票及其他非正常情况回收的单程票。

六、测试票的管理

1. 测试票由票卡中心提出需求

1）由轨道交通公司制作的票卡必须由总公司总经理同意后，方可制作。需购买的卡必须由运营分公司总经理同意，方可购买。

2）此类票卡由票卡中心派专人保管，每次使用须经中心主任同意，并进行台账登记。

3）票卡中心每月将此类票卡的使用情况上报安保部。

4）测试票必须每季度回收一次。旧票在有效期规定时间内交于票卡中心。票卡中心会同安保部对旧测试票进行审查，票卡中心负责旧测试票的销毁或回收再利用。

2. 测试票资料管理及审核

1）票卡中心将借出测试票的有关资料及时报安保部备案。

2）安保部负责对相关申领及换领资料进行审核。

3. 测试票使用管理

测试票为测试专用车票，非测试期间不得擅自使用，一经发现根据《票务稽查管理办法》追究相关人员责任。

七、预制单程票使用管理

1）预制单程票一般情况下不能使用，只作应急备用。

2）售卖预制单程票的规定如下：

① 应对可预见大客流时预制单程票的发售：为应对节假日、各种活动可能产生的大客流，票务中心将根据客运部计划做好预制工作，提前一周配发一定数量的预制单程票。

② 车站遇其他可预见性大客流时，需站长提前填写车票申请单，站务中心主任签字确认后交给票卡中心，待票卡中心主任签字确认后，票卡组方可制票。

3）票务中心票卡组配票到车站后，票卡组工作人员与车站客运值班员须当场双人清点，逐盒抽取1%数量的单程票在 BPM 上进行车票分析，确认车票数量、预制单程票使用时间、金额等相关信息，双方签字确认，填写票务中心配票明细单。

4）在有效期内使用，售卖预制单程票时，车站售检票员需填制《售票员结算单》的"预制票"栏，运营结束后客运值班员填制车站收入日报。

5）未出售完的站存。

八、纸票使用管理

1. 纸票使用情况

纸票一般情况下不使用,只有在下列情况下使用:

1)车站自动售票机、半自动售票机全部故障或部分故障导致无法满足乘客正常进站需求时,可使用纸票。

2)车站出现有预见或临时性大客流而票务系统无法应付等特殊情况时,可使用纸票。

3)根据分公司总经理室签发的大客流运输方案,可使用纸票。

4)车站遇到大客流团体票时,经批准可使用纸票。

2. 启用纸票程序

1)对于车站决定售卖纸票的情形:

① 车站站长决定售卖纸票,同时报控制中心、票务中心备案。行调将售卖纸票的车站和时间通知其他车站。

② 其他车站接到控制中心行调的"××车站出售纸票"的通知后,安排员工做好持纸票乘客的引导和检票的准备工作。持纸票乘客到达本站时,车站员工打开边门,引导乘客到边门检票。

③ 乘客须持盖站名、日期章的纸票从边门进、出站,站务员应核对纸票站名、日期章和金额与乘车车程是否相符;进站时纸票须撕角,出站需撕毁(回收)。

④ 当车站设备正常或大客流缓解后,车站停止售卖纸票后,应立即向控制中心值班主任汇报停止售卖纸票时间。行调通知其他车站。自停止售卖纸票的时间起10min后,纸票售卖站可停止纸票的进站检票工作。其他车站接到控制中心行调有关车站停止售卖纸票时间的通知后,从纸票售卖停止时间起2h后可以停止纸票的出站检票工作。

⑤ 停止纸票的检票工作后,如当天仍有乘客持当日纸票乘车时,仍需从边门进出车站。

2)对于另外情形,根据大客流票务运作方案配票计划和时间执行,由票务中心配票到车站,次月1日前到车站回收,由专人负责保管,保管期满后按要求办理缴销手续,安保部、财务部、客运部负责销毁监控。

3)各车站未经允许不得私自站间调票。

4)纸票收入一律以实际销售的票款额为准,并与存根联相符。

3. 纸票配送计划

1)各车站日常应配备1~2天的纸票库存,以应付车站出现的临时大客流或AFC设备故障,不足时票卡中心应及时补充。

2)对于可预见性大客流,根据大客流票务运作方案中的纸票配送计划单,由票卡中心车票配收员提前2~5个工作日配送到车站。

4. 纸票交接

(1)票卡中心与车站的交接

1)配票人员到达车站后,客运值班员在AFC票务室根据票卡中心配票明细单当面交接各种车票,确认无误后签名。

2)票卡中心送票人员应与车站的当班客运值班员在点钞室进行纸票交接,双方应先核对票卡中心配票明细单中票种、票价、数量、起止号、配票日期等项目填写是否齐全,对封

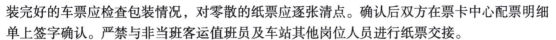

单元三 车站票务管理

装完好的车票应检查包装情况,对零散的纸票应逐张清点。确认后双方在票卡中心配票明细单上签字确认。严禁与非当班客运值班员及车站其他岗位人员进行纸票交接。

3)当班客运值班员应将票卡中心配票明细单归类保管,并在客运值班员交接班登记簿上登记,同时凭票卡中心配票明细单,填写登记簿。

4)车站纸票须存放在 AFC 票务室指定的地方,连号摆放。

(2)客运值班员之间交接 客运值班员交接班时,须共同清点纸票的使用、上交、库存情况,并由交班客运值班员将纸票的票种、票价、数量、起止号等内容填写在客运值班员交接班登记簿上,接班客运值班员应仔细核实登记的内容,对于封包的纸票应检查是否封包完整,对于封包有破损的纸票应逐一核对,认可后签字确认。

(3)客运值班员与售票员交接

1)决定售卖纸票后,当班客运值班员给售卖纸票的售票员配备纸票,并在站务员结算单及客运值班员交接班本上填写相关内容,售票员确认后,双方签字。

2)客运值班员配票给售票员前须检查纸票票面是否完整,有无空白、跳号和重号现象,如有上述现象,车站不得使用该本纸票,加封后报告票务中心回收。并须按票号从小号到大号进行配票,严禁跳号配票。售票员应认真检查每本纸票的内容。

5. 车站纸票售卖

1)纸票售卖采用与单程票相同的票价制,发售时须加盖本车站的车站章和当日日期章(站名章可提前盖好,日期章在需售卖时加盖)。纸票仅在日期章当日及售卖站使用,一经售出概不退换。

2)售票员应单独开窗售卖纸票,必须按配票序列号顺序连号售卖,不准倒售、不准跳号、不得拼票、不得借他人使用,直接从事票务管理和稽查的人员不得售票。

6. 售票后交接、核对和统计

1)车站停止售卖纸票或售票员轮班结束后,应妥善保管好存根联和余票,并应在 AFC 票务室清点,与当班客运值班员进行交接,填写站务员结算单、客运值班员交接班本,客运值班员核对后,双方签字确认。

2)对于售票员售票后的存根联应在当班客运值班员监督下清点后,装入票务专用信封,加封好后,售票员与客运值班员双人签字。

3)票务专用信封上注明详细内容[车站名、票种(存根联)、票价、数量、起止号],若存根联一本未售完,则需将已出售的存根联撕下来装订好。

4)当班客运值班员须填写车站票据登记簿、车站收入日报表、车站车票库存日报的相关内容,将存根上交站务中心,由站务中心每月将所有纸票存根上交票卡收益中心,票卡收益中心负责审核纸票存根账目。

5)客运值班员售票当日结束后须对车站纸票库存进行一次盘点。

6)纸票是有价证券,应妥善保管,无论何种原因丢失、短少纸票,责任人都应按纸票票面面值赔偿。

九、车站边门管理办法

车站边门是指车站站厅内除 AFC 闸机设备外,供特殊情况进出付费区的通道。

运营时间内,车站边门应全部加锁,钥匙保管在补票亭售检票员或值班站长指定的车站

55

正式员工处。车站应建立专门的边门出入登记簿，按规定严格登记。

1. 边门进出规定

1）已办理工作卡的人员必须凭工作卡从闸机进出，未带工作卡一律买票乘车，不得从边门进出。

2）因工作需要且没办理员工工作卡的人员可凭相关证明从边门进出。

3）公司优惠政策上允许的可免费乘车人员，可从边门进出。

4）上级检查、来访接待、记者采访等需免费乘车时，凭总公司、运营分公司办公室出具的接待参观证明可从边门进出。情况特殊未办理证明时，须由车站请示办公室核实同意。

5）紧急情况下（如闸机故障、火灾等）为疏散乘客，可开放边门。

6）其他情况需开放边门时，须经站长批准。

7）除紧急情况外，开放边门必须进行登记。

2. 检查考核

1）地铁工作人员必须严格执行上述规定，若随意放人或带人进入，计一类票务事故，给予部门及中心内部通报，扣发当月奖金30%，并由其承担全部或部分经济损失。

2）运营分公司站务中心负责做好车站边门的日常管理和内部检查。

3）运营分公司安保部负责对车站边门的使用、管理情况进行检查，对违规行为进行纠正和考核。

十、票据管理

1. 申印

票卡收益中心根据票据的使用情况，提前一个月报需求计划，报财务部审批、办理印制手续，票据到货后，办理登记、领用手续。

2. 保管

1）所有的票据都应按制定的流程进行交接，并放在指定的地方。出入库应有台账记录。计划财务部和安保部对票据要定期检查、监督，针对存在的不足，提出改进措施。

2）所有存放于票库的票据均按票据的类型分开存放，由专人负责保管，并应备有台账记录。

3）存放于票库内待注销区、已注销区的已开封或破封的票据需核对后，双人加封，专人保管。

4）所有配出库使用的票据，相关人员需按交接规定办理相关手续。

5）财务部应定期对票据进行检查。

6）车站票据的报损，由车站按期用票务专用信封加封保管（信封上需详细注明加封相关内容）。

7）在车站超过使用有效期（退出使用）的票据，车站需填写车票上交单，由票卡中心次月1日前到车站回收，由专人负责保管，保管期满后按要求办理缴销手续，安保部、财务部、客运部负责销毁监控。

十一、伪钞处理

1. 车站相关人员应严格把关，杜绝伪钞流入

1）售票员在收取乘客交付的现金时，均需经过人工及设备的识别，如发现为伪钞，应

单元三 车站票务管理

立即退还乘客,并请乘客另换一张。

2)设备不能识别且人工无法确认真伪的钞票,售票员也应立即退还乘客,并请乘客另换一张。

3)同银行兑换的硬币必须当日由客运值班员与值班站长共同清点,并加以辨识,发现假币,上报财务部及客运部。清点结束后,所有硬币与原加封封条一同放入该袋(箱)中,保存至该袋(箱)硬币使用完毕为止。发现假币则严谨使用该袋硬币,待查明后使用。

2. 收取伪钞应遵循"谁收取谁补还"的原则

1)售票员在进行票款清点打包时,发现钱款有明显的失真特征或可通过验钞机识别为伪钞的,由客运值班员以上人员共同确认,并做登记,由该售票员补足票款。

2)客运值班员清点TVM钱箱时,发现钱款有明显的失真特征或可通过验钞机识别为伪钞的,值班站长确认后做好记录,与客运值班员双方签字确认加封后(加封内容为日期、车站名、设备名、伪币种类、金额、数量、值班站长与客运值班员签章),在当日TVM清点报告上备注说明,按实际清点数目解行,并随当日报表一并上交票务中心。票务中心做好记录后每月上报财务部。

3)银行清点票款时发现伪钞,由相关票款的封装人负责补足票款。

十二、票务相关政策

1. 定价政策

目前大部分轨道交通线路实行阶梯票价,例如,按照每个里程节点,起步价2元可乘坐4公里;4~8公里,再计价1元;8~13公里部分,再计价1元;13~20公里部分,再计价1元;20公里以上,每1元可乘9公里。

2. 车票使用

1)乘客乘坐地铁,可使用城市公用IC卡以及发行的一卡通储值票,或在地铁各车站自动售票机和半自动售票机(客服中心)购买的单程票及其他有效车票。

2)单程票当站当日有效,隔日作废。

3)乘客持储值票进、出自动检票机时只限一人使用,且必须进站记录与出站记录一一对应。

4)乘客持有效车票进、出地铁车站付费区,实行一人一票制,即一个人只能使用一张车票;进站时在自动检票机上验票后方可通过,到站台乘车;出站时储值票在自动检票机上验票、扣值,单程票放入自动检票机回收后方可出站。进、出自动检票机时须站在黄线外于右手侧验票、扣值、回收,待扇门打开后快速通过。

5)正常情况下,乘客持有效纸票进出车站时,一律从指定的边门进出车站付费区。

6)身高超过1.3m的儿童须购票进站。

7)需要报销单程票凭证的乘客,可凭所购付费车票在出站客服中心索取报销凭证(一卡通储值票应在购买/充值时索取,刷卡乘坐地铁,车站不再提供发票)。

8)乘客进入地铁付费区后,车票的使用具有一定的有效期,例如单程120min,乘客应在有效期内出站。

9)为避免乘客在车站付费区内滞留等现象,凡本站进出时,储值票须扣一定的全额

（各地扣除金额不尽相同），单程票直接回收。

10）乘客携带的物品重量不得超过20kg，长、宽、高之和不得超过1.8m，体积不得大于$0.15m^3$。

11）自行车（包括折叠自行车）能否进入车站，各地视情况而定。

3. 优惠政策

乘车的优惠政策，各地不尽相同，常见的有：

1）城市内外离休干部、残疾军人、因公致残人民警察、重度残疾人免费乘车。

2）城市内外70周岁及以上老年人，在法定工作日早晚高峰时段（7：00～9：00，17：00～19：00；以刷卡进站时间为准）购买半票（使用城市通用分时段卡支付乘车费时）乘车，其余时段免费乘车。

3）城市区全日制大、中、小学校学生享受票价优惠（使用城市通用学生卡支付乘车费时）。

4）一名成年乘客可免费携带一名身高不足1.2米的儿童乘车；超过一名的，按超过人数购买全票。

5）使用公共交通IC卡乘车的，可享受票价优惠（使用城市通用普通卡支付乘车费时）。

4. 补票规定

（1）车票遗失　因本人原因在付费区内遗失车票，按线网最高票价补购出站票后给予本站出站。

（2）超程/超时

1）乘客所使用的车票，不足以支付所到达车站的实际车费时，须到客服中心办理出站手续。

储值票：因余额不足无法从卡内扣值，须以现金形式按单程票计费方式交付所乘车程内的票款，储值票更新后凭出站票本站出站。

单程票：须补交超乘车费后，更新车票给予在本站出站。

2）超时：乘客乘车从进站到出站超过时限，一律到客服中心办理出站手续。

储值票：按本站最高单程票价收取票款后更新车票，乘客持原一卡通本站出站。

单程票：按线网最高票价补购出站票后给予本站出站，原单程票回收。

（3）车票无出站信息

1）乘客持车票上次进站是本站，且使用时间为当日，出站未在自动检票机上刷卡或刷卡不成功未扣值，再次进站时会被拒绝，须到客服中心按实际车程费用（按储值票优惠政策）扣费，并对该车票进行更新，方可正常使用；若分析车票显示"无错误"或"尚未出站"，确认进站代码为本站且发生时间在20min以内，让乘客从边门进站。

2）乘客持车票上次进站时间非当日或非本站，再次进站时会被拒绝，原单程票回收，须重新购票；储值票须按最低车程费（按优惠政策）扣费并对该车票进行更新，方可正常使用。

（4）车票无进站信息　乘客持车票进站未刷卡或刷卡不成功，出站时会被拒绝，须到客服中心办理手续：

储值票：加进站码，储值票更新后凭原票本站出站。

单程票：单程票若为当日车票则直接进行更新，凭原单程票出站；若为非当日车票，按线网最高票价补购出站票后给予本站出站，原单程票回收。

（5）故意逃票或持无效车票（伪造车票或篡改车票等）乘车的乘客　按线网最高票价补收票款。

（6）四类免费乘车人群和持中小学生一卡通储值票的乘客　乘车时，须凭本人有效证件乘车。严禁冒用他人优惠车票乘车，违者一经发现，加收线网最高单程票价的五倍票款。

5. 异常处理规定

（1）坏票处理（坏票指在半自动售票机上无法读取信息的车票）

1）非付费区：须到客服中心分析，若人为损坏，单程票则重新购票进站，储值票同单程票处理；若车票本身原因，单程票免费换取一张等额单程票，储值票重新购票进站。

2）付费区：须到补票/问询处分析，若人为损坏，单程票须按线网最高单程票价补购出站票后给予本站出站，原单程票回收，储值票以现金形式按单程票计费金额发出站票处理；若车票本身原因，单程票直接换取出站票在本站出站，储值票须以现金形式按单程票计费方式交付所乘车程内的票款，更新后凭出站票本站出站。

（2）由于地铁运营原因造成清客　乘客在7日之内可免费在客服中心更新储值票或办理单程票退票手续。

6. 退、换票规定

单程票一经售出，概不退换（地铁原因除外），不挂失。

课题三　车站票务应急处理

一、AFC系统故障应急处理

1. 中央计算机（CC）故障

CC发生系统故障，造成AFC大面积瘫痪，影响车站正常运营时，应立即向控制中心值班主任汇报。控制中心值班主任下令行调通知各车站出售纸票。成立现场指挥小组，按各自责任分工分头处理故障，妥善处理现场。

2. 车站计算机（SC）故障

（1）SC发生设施通信中断，从监控界面上不能向车站设施发布命令

1）行车值班员向设施维修调度员报修。

2）客运值班员在设备本机上登录后进行操作，发布命令。取消命令时，也需在设备本机上操作。

3）不能查询车站实时车票数量数据时，客运值班员必须到设备上手工抄录数据。

4）数据中心工班接报后迅速赶到现场，并通知AFC工程师到现场进行故障诊断，查找原因并尽快解决。

5）票务中心收益组应在故障日期间在报表上标注故障车站、故障原因及涉及的数据影响。

（2）车站自动售票机（TVM）故障

1）车站部分自动售票机故障时，值班站长根据客流情况确定是否使用 BOM 发售单程票，通知行车值班员向设施维修调度员报修，广播通知乘客到客服中心购票。

2）车站全部自动售票机故障时，值班站长安排售检票员使用 BOM 发售单程票，通知行车值班员向设施维修调度员报修，广播通知乘客到客服中心购票。

3）维修人员到达现场登记后，借维修钥匙进行抢修，车站原则上安排一名工作人员配合抢修（遇工作繁忙，不涉及钱箱、找零器、硬币鼓维修工作时可不安排人员陪同），故障修复后，维修人员归还维修钥匙并销记。

4）BOM 售票不能满足现场需要时，车站站长决定售卖纸票，同时报控制中心备案。并通知客运值班员和售票员发售纸票，并密切注意纸票的站存数量和售卖速度。

5）控制中心通知沿线其余各车站做好纸票出站检票工作。

6）车站根据 TVM 修复时间，若站存纸票仅可继续售卖 2h（根据售卖速度），应立即向票务中心申请再次配发纸票。

7）票务中心接到车站报告后，根据站存纸票可持续发售时间，及时将所需的车票配发到车站，并于故障修复后，进行相关记录。

8）车站确认故障修复后，站长通知停止发售纸票，并向控制中心汇报"故障修复"及停止发售纸票，AFC 维修人员向设施维修调度员汇报故障修复，广播通知乘客到 TVM 购票。

9）控制中心通知沿线其余各车站从通知时刻起 2h 后停止纸票出站检票工作。

3. 车站半自动售票机（BOM）出现故障

1）车站部分半自动售票机故障时，将故障客服中心窗口摆放"暂停服务"告示牌，车站安排人员引导乘客到其他客服中心购买车票或处理问题车票，行车值班员向设施维修调度员报修。

2）车站全部半自动售票机故障时，将所有客服中心窗口摆放"暂停服务"告示牌，向前来办理问题车票业务的乘客做好解释指引工作，行车值班员向设施维修调度员报修。

3）维修人员到达现场登记后，借维修钥匙进行抢修，车站原则上安排一名工作人员配合抢修（遇工作繁忙，不涉及钱箱、找零器、硬币鼓维修工作时可不安排人员陪同），故障修复后，维修人员归还维修钥匙并销记。

4）值班站长安排客运值班员、售检票员开放边门处理无法正常出入闸的持票乘客。

5）行车值班员广播通知乘客客服中心由于设施故障，无法正常进出站的持票乘客从边门出入。乘客在付费区无法正常出闸时，单程票人工回收，将人工回收的单程票清点封存后待交票卡组，持储值票的乘客下次乘车前先到客服中心补交本次车资，更新车票（当日故障发生 2h 内进站记录的 IC 卡，可在七日之内更新车票，收取上次乘车的实际车费，更新车票，享有扣值优惠。超过 2h 按超时处理）。乘客在非付费区无法正常进闸时，一律购买纸票进站。

6）值班站长需向控制中心汇报车站故障情况，控制中心通知沿线其余各车站做好问题储值票、单程票出站的更新工作。

7）车站确认故障修复后，值班站长通知客运值班员、售检票员收回"暂停服务"告示牌，关闭边门，恢复使用 BOM 机处理乘客事务，并向控制中心值班主任汇报"故障修复"，AFC 维修人员向设施维修调度员汇报故障修复。

8）控制中心通知沿线其余各车站故障车站的故障已修复。

9）票务中心 AFC 相关人员于故障修复后，进行相关记录。

4. 自动售票机（TVM）和半自动售票机（BOM）全部出现故障

1）自动售票机和半自动售票机全部故障时，车站站长决定售卖纸票，同时报控制中心备案。并通知客运值班员和售票员发售纸票，并密切注意纸票的站存数量和售卖速度。

2）控制中心通知沿线其余各车站做好纸票出站检票和有问题的储值票、单程票出站更新工作。

3）客服中心售检票员应向前来办理问题车票业务的乘客做好解释指引工作，行车值班员向设施维修调度员报修。

4）维修人员到达现场登记后，借维修钥匙进行抢修，车站原则上安排一名工作人员配合抢修（遇工作繁忙，不涉及钱箱、找零器、硬币鼓维修工作时可不安排人员陪同），故障修复后，维修人员归还维修钥匙并销记。

5）值班站长安排客运值班员、售检票员开放边门处理无法正常出入闸的持票乘客。

6）行车值班员广播通知乘客客服中心由于设施故障，无法正常进出站的持票乘客从边门出入。乘客在付费区无法正常出闸时，单程票人工回收，将人工回收的单程票清点封存后待交票卡组，持储值票的乘客下次乘车前先到客服中心补交本次车资，更新车票（当日故障发生 2h 内进站记录的 IC 卡，可在七日之内更新车票，收取上次乘车的实际车费，更新车票，享有扣值优惠。超过 2h 按超时处理）。乘客在非付费区无法正常进闸时，一律购买纸票进站；

7）车站根据故障修复时间，如果站存纸票仅可继续售卖两小时（根据售卖速度），应立即向票务中心申请再次配发纸票。

8）车站确认故障修复后，值班站长通知客运值班员、售检票员停止发售纸票，收回"暂停服务"告示牌，关闭边门，恢复使用 BOM 机处理乘客事务，并向控制中心值班主任汇报"故障修复"及停止发售纸票，AFC 维修人员向设施维修调度员汇报故障修复，广播通知乘客到 TVM 购票。

9）控制中心通知沿线其余各车站故障车站的故障已修复，从通知时刻起 2h 后停止纸票出站检票工作。

10）票务中心接到车站报告后，根据站存纸票可持续发售时间，及时将所需的车票配发到车站，并于故障修复后，进行相关记录。

5. 车站全部出站闸机出现故障

1）车站全部出站闸机故障时，值班站长安排客运值班员、售检票员开放边门让乘客出站，行车值班员向设施维修调度员报修。

2）值班站长需向控制中心汇报车站故障情况，控制中心通知沿线其余各车站故障站情况及故障开始时间、修复时间。

3）维修人员到达现场登记后，借维修钥匙进行抢修，车站原则上安排一名工作人员配合抢修（遇工作繁忙，因不涉及钱箱、找零器、硬币鼓，该维修工作时可不安排人员陪同），故障修复后，维修人员归还维修钥匙并销记。

4）车站及时在出站闸机前放置"暂停服务"告示牌和隔离带，引导乘客从边门出站，做好乘客的服务工作。

5）行车值班员广播通知乘客从边门出站，持储值票的乘客下次乘车前先到客服中心补交本次车资，更新车票，单程票人工回收，将人工回收的单程票清点封存后待交票卡组。

6）车站确认故障修复后，值班站长通知客运值班员、售检票员收回"暂停服务"告示牌及隔离带，关闭边门，引导乘客从出站闸机出站，并向控制中心值班主任汇报"故障修复"，AFC维修人员向设施维修调度员汇报故障修复。

7）票务中心AFC相关人员于故障修复后，进行相关记录。

6. 车站全部进站闸机出现故障

1）车站全部进站闸机故障时，值班站长安排客运值班员、售检票员开放边门让乘客进站，进行人工检票，行车值班员向设施维修调度员报修。

2）由站长决定售卖纸票，并向控制中心汇报，控制中心通知沿线其余各车站做好纸票出站检票和有问题的储值票、单程票出站更新工作。

3）维修人员到达现场登记后，借维修钥匙进行抢修，车站原则上安排一名工作人员配合抢修（遇工作繁忙，因不涉及钱箱、找零器、硬币鼓，该维修工作时可不安排人员陪同），故障修复后，维修人员归还维修钥匙并销记。

4）车站应及时在进站闸机前放置"暂停服务"告示牌和隔离带，广播通知持票乘客从边门进站，做好乘客的服务工作，使其出站时听从广播和工作人员的指引。

5）车站确认故障修复后，值班站长通知客运值班员、售检票员收回"暂停服务"告示牌及隔离带，关闭边门，引导乘客从进站闸机进站，并向控制中心值班主任汇报"故障修复"，AFC维修人员向设施维修调度员汇报故障修复。

6）控制中心通知沿线其余各车站故障车站的故障已修复，从通知时刻起2h后从SC恢复正常模式。

7）沿线其余各车站计算机与中央计算机或车站设施通信中断时或设施没有实现降级运营的功能时：广播通知乘客从边门出站，持储值票出站的乘客需到客服中心按本次乘车的实际车费补交车资，更新车票，单程票人工回收，将人工回收的单程票清点封存后待交票卡组，值班站长需向控制中心汇报车站故障情况。

8）票务中心AFC相关人员于故障修复后，进行相关记录。

二、其他特殊情况下的应急处理

1. 列车晚点，本站受影响的候车乘客要求退票时的处理

1）车站接到控制中心列车晚点通知后，值班站长安排员工给需退票的乘客办理事务处理。

2）凡涉及退款处理的，款项从当日票款扣除，登记报表随车站报表次日上交票务中心收益组。

3）现场办理退票流程：

① 单程票在BOM上分析余额，若为故障日当日出售的单程票，办理退票手续，并登记紧急情况票务登记表。

② IC卡储值票在BOM上分析进站信息，当日本站进站记录，且在故障时间两小时内，免费更新车票，登记紧急情况票务登记表。

4）非现场办理退票流程（七日之内）：

① 单程票在 BOM 上分析车票出售日期和余额，若为故障日当日出售的单程票，办理手工退票手续，填写车票退款记录表。

② IC 卡储值票在 BOM 上分析进站信息，若在故障日进站，且在故障时间段前后 2h 内，免费更新车票，填写车票退款记录表。

2. 地铁发生运营故障，需要清客的处理

1）车站接到控制中心需要清客的命令后，值班站长安排员工给需退票的乘客办理事务处理。

2）凡涉及退款处理的，款项从当日票款扣除，登记报表随车站报表次日上交票务中心收益组。

3）现场办理退票流程：

① 单程票在 BOM 上分析余额，若为故障日当日出售的单程票，办理手工退票手续，并登记紧急情况票务登记表。

② IC 卡储值票在 BOM 上分析进站信息，若为故障时间 2h 内，则免费更新车票，登记紧急情况票务登记表。

③ 当日列车恢复运营后，车站应及向控制中心报告退票及更新人数。

4）非现场车票处理（七日之内）：

① 单程票在 BOM 上分析车票出售日期和余额，若为故障日当日出售的单程票，办理手工退票手续，填写乘客事务处理单。

② IC 卡储值票在 BOM 上分析进站信息，若在故障日进站，且在故障时间段前后 2h 内，免费更新车票，填写乘客事务处理单。

③ 车站在七日之内可按非现场办理退票流程对车票进行处理（操作同上）。

3. 车站出现火灾等紧急情况时的处理

1）车站出现火灾等紧急情况时，立即向控制中心汇报，并根据火势情况，使用车控室 AFC 紧急按钮，打开车站所有闸机。

2）车站关闭所有自动售票机、半自动售票机，停止客服中心的售票、兑零工作，同时打开边门放行。

3）紧急情况处理完毕后，车站报控制中心。值班站长接到控制中心"可恢复正常运营"的命令后，由值班站长取消紧急模式，恢复正常运营模式，并上报控制中心。

4）票务中心将故障日期设置在中央系统内，七日之内乘客可以正常持票（单程票、储值票）乘车。

5）车站在七日之内可按非现场办理退票流程对车票进行处理（操作同上）。

4. 列车越站时的处理

1）当列车越站时，控制中心及时通知列车越站后运行前方的第一个站设置"超程免检模式"。

2）车站接到控制中心"列车运行恢复正常"的通知后，客运值班员通过车站计算机取消"超程免检模式"；恢复正常运营模式，并上报控制中心。

3）"超程免检模式"的车票处理：

① 对于储值票，乘客出闸时扣除最低票价。

② 对于单程票，乘客出闸时不检查车票余额，全部回收。

课题四　车站票务异常交易处理

一、当车站出现异常交易情况

车站值班站长（站长）应第一时间赶赴现场妥善处置，耐心做好解释和劝导工作，尽量减少处理时间。自动售票机以下简称 TVM，闸机以下简称 GATE。

二、异常交易情况类型

1）TVM 卡币。
2）TVM 少出车票。
3）TVM 找零不足。
4）TVM 发售无效票。
5）TVM 多找零。
6）出闸机扣费不对。

三、处置原则

车站发生上述异常交易情况时处理原则如下：

1. 及时赶赴现场原则

现场车站人员接报后，及时报值班站长（站长），客运值班员与值班站长（站长）应立刻赶到现场。

2. 及时调查、处置原则

由当班值班站长和客运值班员负责接报后现场调查、处置和后续工作，尽量减少处理时间，对一时无法界定的问题，车站应耐心地做好解释和劝导工作。

办理本事务时，须由当班值班站长和客运值班员到现场确认并在乘客事务处理单或退款申请单双人签字。

四、异常交易情况处理流程

1. TVM 卡币、TVM 找零不足、TVM 少出票

出现 TVM 卡币、TVM 找零不足、TVM 少出票异常交易情况时，应做如下处理：

1）车站人员询问乘客购票情况，客运值班员迅速到现场检查 TVM 投币口是否有硬币/纸币堵塞或乘客显示屏是否显示卡币/卡票/找零不足故障代码，并打开 TVM 维修门，查看最近 10 条交易记录。

2）若在 TVM 内未生成交易记录但在设备中发现所卡现金，则办理乘客事务处理单，客运值班员在乘客事务处理单上注明 TVM 编号、发生时间及处理结果，车站将该现金退还给乘客。

3）若 TVM 交易记录检查结果与乘客反映情况一致，则办理乘客事务处理单，客运值班员在乘客事务处理单注明 TVM 查询详情（详细交易时间、购票金额、投入金额及找零情况）及处理结果，车站客服中心站务员用备用金退还相应款额给乘客或发售相应面值的车票。若 TVM 交易记录已生成且在设备中发现所卡现金，则该现金由客运值班员与站务员/维修人员共同在特殊情况票款登记表中"TVM 内部现金"栏记录。

4）当 TVM 交易记录检查结果与乘客反映情况不一致，或因设备故障等原因无法当场确认时，办理乘客事务处理单，注明发生时间、购票及投币详情。

① 当班客运值班员填写退款申请单，说明原因，并备注当天办理的乘客事务处理单编号，当班客运值班员、当班值班站长及晚班负责清点的客运值班员签字确认，若有现场证明人（必须是本站员工、公安、保安、志愿者其中之一），需附当时现场情况说明，证明人签字，当班值班站长签字确认，次日随报表一并上交收益工班。

② 乘客来取卡币金额时车站客服中心用备用金退还乘客，在当日的运营收入总金额中扣除退款金额，填写乘客事务处理单，并在收入日报中进行备注。

5）办理乘客退款时，须由当班值班员或以上级别人员到现场确认并在乘客事务处理单上双人签字。

6）退款申请单处理流程：

① 收益工班收到退款申请单后，通知中央系统维护工班进行数据查询，并填写数据查询结果说明，票卡收益中心主任签字确认。

② 收益工班应在收到退款申请单三个工作日内回复，根据查询结果发送退款通知书电子版本回复给车站及站务中心邮箱是否办理退款。如有记录证实确实发生 TVM 卡币、少出票、找零不足，出闸机扣费不对等现象，或具有现场证明人签字说明，则同意退款，否则，不予退款。

③ 车站接收到退款通知书当日通知乘客凭乘客事务处理单办理退款。乘客来取卡币金额时车站客服中心用备用金退还乘客，填写乘客事务处理单，并在收入日报"备注"栏中注明当日退款通知书总数量及总金额，次日随报表一并上交收益工班。

④ 如不同意退款，车站需耐心向乘客做好解释工作。

⑤ 车站接收到的退款通知书若无乘客认领时，车站将该退款通知书妥善保管、正确交付。

7）特殊情况：当乘客反映未出票、未找零，现场未发现钱款和交易记录，车站已办理过乘客事务处理单，后期经维修取出了所卡钱款时，晚班客运值班员填写退款申请单时备注说明此钱款已取出，票卡收益中心填写退款通知书通知车站退款。

2. TVM 发售无效票

若 TVM 交易记录与乘客反映情况一致，则回收无效车票，办理乘客事务处理单，并根据乘客需要在 BOM 上发售同等面值车票或退还相应款额给乘客。

3. TVM 多找零

车站人员发现 TVM 多找零、多出币情况下，询问乘客购票情况和查询 TVM 的机器交易记录，将该台故障 TVM 设为"暂停服务"模式，同时需将事情概况通知 AFC 维修工班。

乘客将现金交给站务员，由站务员通知客运值班员回收多找零数目，并在客运值班员交接班台账、特殊情况票款登记表的"TVM 内部现金"栏注明设备号码、金额、币种，将钱币封包保存，交给接班值班员解行，计入收入日报其他票款收入的"特殊票款"，并备注说明。

4. 出闸机扣费不对

1）车站人员询问乘客乘车和车票扣值情况，同时在 SC 或 BOM 上查询车票使用记录。

2）车站经过分析后，办理乘客事务处理单，并填写退款申请单，注明卡号等。将该台故障闸机设为"暂停服务"模式，同时需将事情概况通知 AFC 维修工班。

3）次日中央系统维护工班根据车站提供的 IC 卡卡号查询交易记录，打印该卡交易报表交收益工班。

4）收益工班根据卡交易报表查询结果发送退款通知书回复车站是否办理退款。

5）车站接收到退款通知书后通知乘客凭乘客事务处理单办理退款，用备用金将闸机多扣值的金额退还乘客，填写乘客事务处理单，并在"备注"栏中注明当日退款通知书总数量及总金额，次日随报表一并上交收益工班。

单元考核

1. 简述 AFC 系统的功能。
2. AFC 系统包含哪些设备？
3. 简述票款交接流程。
4. 车站计算机（SC）故障怎么办？
5. TVM 多找零解决方法。

单元四

车站日常运作

学习目标

1. 熟悉车站值班员一日作业标准。
2. 掌握车站开、关站程序。
3. 熟悉车站施工（检修）管理内容。
4. 掌握车站各类台账、报表填记标准。

课题一　车站值班员一日作业标准

一、行车值班员一日作业标准

（一）通用标准

1）按规定统一着装，挂牌上岗。
2）上岗时精神饱满、举止规范、态度和蔼。
3）遵章守纪、坚守岗位、服从车站管理。
4）认真负责、履行岗位职责、遵守职业道德。
5）扶老携幼、遵守公德、服务为本、不损害乘客利益。
6）服务语言文明，讲普通话，使用"十字文明用语"。

（二）岗位技能

1）车站突发及紧急情况下处理方法。
2）熟悉列车时刻表，并严格按照列车时刻表办理行车。
3）掌握 LOW 工作站的操作使用，以及 CCTV、BAS、FAS 等系统的监控。
4）熟练使用车站广播系统，能够做到及时广播。
5）做好对现场施工及施工过程的监控。
6）其他需要掌握的技能。

（三）岗位职责

1）执行分公司、部、中心、车站的有关规章制度，做到有令必行，有禁必止。

2）在值班站长的领导下，负责车站行车工作。

3）服从行调指挥，执行行调命令，严格按列车运行图组织行车。

4）严格执行一次作业程序，熟悉行车设备的性能，掌握操作方法。

5）控制车站广播，密切关注监视屏，掌握站台乘客动态，并视情况及时广播。

6）LOW 停用时负责现场人工排列进路。

7）非运营时间做好巡道、设备维修的登记和注销手续。

8）使用及保管行车设备备品，正确填写各种行车日志，字迹清楚。

9）值班站长不在车控室时代理其职责。

10）完成上级领导临时交办或外部门需协办的其他工作。

（四）作业流程及标准

行车值班员班分为白、夜两班，白班时间为 08∶30—19∶00；夜班时间为 18∶30—次日 9∶00。

1. 白班

（1）交接班

1）08∶30 前到车控室在车站工作人员签到簿上签到，参加交接班会议，学习重要文件、上级指示精神及本班重点工作等。

2）与上一班行车值班员进行交接，详细了解当前运作情况；查看行车值班员交接班本、行车日志、车站防火巡查登记簿、消防（控制室）值班记录簿、设备故障报修登记本、周施工计划、车站施工登记本、车站调度命令登记本及相关文件通知。

3）检查、清点钥匙，检查行车备品柜内物品是否齐全，状态是否良好。

（2）班中　填写相关台账、处理日常事务及交班需完成的工作。

1）监控 CCTV，播放广播，处理相关事务，负责车站各岗位人员调配，传达相关重要信息。

2）列车进出车站时，监控列车运行状态、站台乘客上下车情况。

3）监控站台岗，发现险情或危及行车及乘客人身安全时及时采取应急措施。

4）做好施工登记，加强对现场施工及施工过程的监控。

5）协助当班值班站长处理一些简易事务。

6）吃饭替班

① 11∶00—12∶00 顶替站务员或站台安全员就餐；12∶00—12∶30 就餐。

② 17∶00—18∶00 顶替站务员或站台安全员就餐；18∶00—18∶30 就餐。

7）做好交接前准备工作，把当班未完成须下一班完成的工作交接清楚，补充交班记录，填写各类台账，准备交接班。

8）18∶30 与下一班行车值班员交接，强调注意事项，交接清楚、完整后签名。

（3）班后　到车控室在车站工作人员签到簿签走。

2. 夜班

（1）交接班

1）18∶30 前到车控室在车站工作人员签到簿上签到，参加交接班会议，学习重要文件、上级指示精神及本班重点工作等。

2）与上一班行车值班员进行交接，详细了解当前运作情况；查看行车值班员交接班

本、行车日志、车站防火巡查登记簿、设备故障报修登记本、周施工计划、日调整计划、车站施工登记本、车站调度命令登记本及相关文件通知。

3）检查、清点钥匙，检查行车备品柜内物品是否齐全，状态是否良好。

（2）班中 填写相关台账、处理日常事务及交班需完成的工作。

1）监控 CCTV，播放广播，处理相关事务，负责车站各岗位人员调配，传达相关重要信息。

2）列车进出车站时，监控列车运行状态、站台乘客上下车情况。

3）监控站台岗，发现险情或危及行车及乘客人身安全时及时采取应急措施。

4）做好施工登记，加强对现场施工及施工过程的监控。

5）协助当班值班站长处理一些简易事务。

（3）运营结束前

1）上/下行尾班车开出前 10min 开始广播。

2）上/下行尾班车开出前 5min，通知停止售票和进站检票工作，并广播。

（4）运营结束后

1）尾班车开出后按时广播，关闭一般照明、广告照明，协助值班站长清客关站。

2）做好各项施工请销点登记手续，做好施工和工程车开行的安全防护措施。

3）检查、管理对讲机、应急照明等设备的充电情况。

（5）次日运营开始前

1）首班列车出场前 30min 组织检查线路出清情况并及时报告行调（如红闪灯有无撤除等）。

2）按要求模式打开环控设备并检查运行情况。

3）首班载客列车到站前 15min 打开车站照明。

4）确认首班载客列车到达前 15min 出入口、闸机、TVM 等开启。

5）全面负责车站行车组织、负责车站广播播放。

6）做好交接前准备工作，把当班未完成须下一班完成的工作交接清楚，补充交班记录，填写各类台账，准备交接班。

7）08:30 与下一班行车值班员交接，强调注意事项，交接清楚、完整后签名。

（6）班后 到车控室在车站工作人员签到簿签走。

二、客运值班员一日作业标准

（一）通用标准

1）按规定统一着装，挂牌上岗。

2）上岗时精神饱满、举止规范、态度和蔼。

3）遵章守纪、坚守岗位、服从车站管理。

4）认真负责、履行岗位职责、遵守职业道德。

5）扶老携幼、遵守公德、服务为本、不损害乘客利益。

6）服务语言文明，讲普通话，使用"十字文明用语"。

（二）岗位技能

1）能够处理简单的 AFC 设备故障。

2）掌握相关的票务报表、账册的填写。

3）掌握车站 SC 的有关知识，能够熟练操作车站 SC。

4）按照公司规定掌控车票、钱款的操作，确保车票、现金安全。

5）处理与乘客相关的票务事宜。

6）掌握车站的客流动态，协助值班站长合理安排售检票员岗位。

7）其他需要掌握的相关技能。

8）掌握车站周边的地理环境及交通状况。

（三）岗位职责

1）执行分公司、部、中心、车站的有关规章制度，做到有令必行，有禁必止。

2）在值班站长的领导下，主管车站客运管理，组织站务员从事客运工作。

3）负责车票的收发、回收和保管工作。

4）本班组售票组织及车站营收统计工作，各种票务收益单据填写及保管。

5）车站收益解行的实施和安全。

6）协助值班站长组织管理安全员、售票员，处理乘客问题，提供优质服务。

7）监督售票员、安全员在岗行为。

8）在非运营时间值守车站，统计汇总当日的客运量和营收情况。

9）每班巡视车站四次，维护车站安全，防止意外事件发生。

10）完成上级领导临时交办或外部门需协办的其他工作。

（四）作业流程及标准

客运值班员班分为白、夜两班，白班时间为 08：30—19：00；夜班时间为 18：30—次日 9：00。

1. 白班

（1）班前

1）早上 8：30 前到车控室在车站工作人员签到簿上签到、参加交接班会议，学习重要文件、上级指示精神及本班重点工作等。

2）在 AFC 票务室与上一班客运值班员进行交接。

① 检查车票、现金、钥匙、票务设备备品情况。

② 检查客运值班员交接班本是否按要求填写。

③ 检查票务、乘客服务的文件通知是否有要注意的重点工作。

④ 检查上一班的票务报表。

⑤ 与交班客运值班员交接清楚后签名。

（2）班中　填写各类台账、报表，每两小时巡视车站一遍，检查售票员工作，通过车站 SC 监控 AFC 设备运行情况，及时更换票箱及清点钱箱（班中只负责更换，清点一律夜班进行）。发现故障及时报设调，维修人员到场后，全程监控其工作。

1）8：30 将前日的各类报表放在指定位置，供票卡收益中心收取。

2）8：30—11：30 准备银行解行和在票亭、站厅巡视及时安排 TVM 钱箱、票箱的更换、补币、补票工作及预收部分票务收入等工作，在此期间要保管车站的车票、现金、票务备品、部分票务钥匙，并负责安全。

3）11：30—12：30 顶替售票员就餐。

4）12：30—13：00 就餐。

5）13：00—13：30 整理票务室为中班售票员交接做准备。

6）14：00—15：00 与中班售票员交接。

7）14：30—17：00 在车站站厅、售票亭巡视、检查售票员工作及安排 TVM 钱箱、票箱的更换、补币、补票工作及预收部分票务收入等工作，在此期间要保管车站的车票、现金、票务备品、部分票务钥匙，并负责安全和协助值班站长处理车站内务。

8）17：00—17：30 顶替售票员就餐。

9）17：30—18：00 就餐。

10）18：00—18：30 统计好本班的车票、现金、发票及票务设备备品情况，并在客运值班员交接班本上作相应的记录，准备交班。

11）18：30—19：00 与夜班值班员交接班。

（3）班后　到车控室在车站工作人员签到簿签走。

2. 夜班

（1）班前

1）晚上 18：30 前到车控室在车站工作人员签到簿上签到，参加交接班会议，学习重要文件、上级指示精神及本班重点工作等。

2）在 AFC 票务室与上一班客运值班员进行交接。

① 检查车票、现金、钥匙、票务设备备品情况。

② 检查客运值班员交接班本是否按要求填写。

③ 检查票务、乘客服务的文件通知是否有要注意的重点工作。

④ 检查上一班的票务报表。

⑤ 与交班客运值班员交接清楚后签名。

（2）班中

1）填写各类台账、报表。

2）每两小时巡视车站一遍，检查售票员工作及 AFC 设备运行状态。

3）通过车站 SC 监控 AFC 设备运行情况，及时更换票箱及钱箱、发现故障及时报设调、维修人员到场后，全程监控其工作。

4）运营结束前 5min 关闭所有 TVM 和进站闸机，到站厅协助值班站长做好对乘客的宣传解释工作。

5）运营结束后，与售检票员结账、钱款封包，封包后与值班站长一起收取 TVM 钱款，核对钱款封包，填写相关台账，核对后签字确认。

6）完成部分报表台账。

7）首班车到达前 60min 做好 AFC 设备的测试。

8）开站前 20min 协助值班站长巡视各个出入口。

9）首班车到达前 30min 做好配票工作，并检查售票员到岗情况并开启 TVM 和闸机。

10）完成本班全部报表、台账，整理票务室，准备交班。

11）同接班客运值班员交接，清楚后签名。

（3）班后　到车控室在车站工作人员签到簿签走。

课题二　车站开、关站程序

一、车站开站程序

车站开站工作步骤见表4-1。

表4-1　车站开站工作步骤

岗位人员	工作步骤内容
值班站长	首班载客车出场前30min巡视整个车站，检查有无异常情况
	如需要开会，可在配票时嘱咐
	首班载客车到站前10min负责完成开启出入口、电扶梯、残疾人电梯等工作
行车值班员	列车（含工程车、空电客车、载客列车）出场前30min，检查站台和线路出清情况，并汇报行调
	首班载客列车到达前30min，开启环控系统并检查运行情况。（在自动状态下负责监测其开启情况，发现异常及时汇报环调）
	首班载客列车到达前15min打开照明开关（在自动状态下负责监测其开启情况，发现异常及时汇报环调）
	列车（含工程车、空电客车、载客列车）到站前15min安排人员到站台接发列车
	首班载客列车到站前10min向乘客广播候车的注意事项
客运值班员	首班载客列车到站前60min做好TVM、BOM、闸机等的各项检查工作，包括票箱准备情况、设备运行情况，同时准备好相关车票、单据、报表以备售票员领取
	首班载客列车到站前15min开启AFC设备
	检查到位
站务员（售票员）	首班载客列车到站前30min到站并已做好自身各项准备工作（如换好制服）
	首班载客列车到站前30min到客运值班员处领齐相关备品
	首班载客列车到站前15min到售票厅准备开窗售票
站台安全员	首班载客列车到站前20min到站并已做好自身各项准备工作（如换好制服）
	首班载客列车到站前15min领齐备品到站台准备接车

二、车站关站程序

车站关站工作步骤见表4-2。

表4-2　车站关站工作步骤

岗位人员	工作步骤内容
值班站长	检查车站情况
	末班载客列车到达前5min确认所有TVM、进站闸机关闭，停止售票广播正在播放
	末班载客列车发出后清站，确认出入口、电扶梯、残疾人电梯关闭，同时确认AFC系统、工作照明系统、广告照明均按要求关闭

单元四　车站日常运作

（续）

岗位人员	工作步骤内容
行车值班员	上/下行末班载客列车到站前 10min 开始广播
	上/下行末班载客列车到站前 5min 通知售票员停止售票和进站检票工作，并做好广播
客运值班员	上/下行末班载客列车到站前 5min 关闭 TVM 和进站闸机
	末班载客列车发出后与售票员结算、填写报表
售票员	末班载客列车到达前 5 分钟停止售票
	末班载客列车发出后清站，收拾票、钱，整理售票厅备品，注销 BOM，回 AFC 票务室结账
站台安全员	末班载客列车开出前进行检查，确认站台所有需要上车的乘客全部上车，无异常情况
	末班载客列车发出后清客，确认站台无滞留乘客，汇报车控室

课题三　车站施工（检修）管理

一、定义

（1）周计划　汇总一周的设施设备施工、检修、维护及工程车、调试电客车开行计划。

（2）日调整计划　在周计划里未列入的对行车有一定影响的检查、维修计划，进行计划的补充。

（3）临时计划　运营时间内对行车有一定影响的设备进行临时抢修，须在停运后继续设备维修的作业。

（4）施工负责人　对施工作业的组织、安全和管理全面负责的人员。每项施工作业设置一名施工负责人。

（5）施工联络人　同一施工作业多个地点进行时，负责施工负责人所在作业地点外的其他各个作业地点施工组织、安全和管理的人员。

（6）影响行车的施工　指进行该项施工作业时，如果当天或次日线路上有列车、工程车运行，会发生影响行车设备运行、降低或终止行车条件、妨碍行车安全的施工。

（7）主站　施工负责人持施工作业令到某个车站登记请点施工的车站称为主站（如果同一施工项目多站进行，其作业区含联锁站时，主站原则上在联锁站）。

（8）辅站　同一施工项目多站进行时，施工联络人到作业区域包含的办理请销点的车站（主站除外）称为辅站；同一施工项目安排主站和辅站原则上不超过 6 个。

（9）施工作业令　允许在运营分公司所辖范围或者所辖设备内进行施工的一种凭证。

（10）施工区域出清　指在施工区域范围内施工结束后，施工负责人或施工联络人确认所有作业有关人员已撤离，有关设备、设施已恢复正常，工器具、物料已撤走，无妨碍行车和设备安全、降低服务质量的因素等。

（11）外单位　指除轨道交通运营分公司以外的单位。

（12）影响客运的施工　指进行该项施工作业时，车站的客运服务设备设施功能降低，影响客流组织，使服务质量受影响的施工。

二、施工计划分类

1. 按时间分类

按时间分为月（周）计划、日调整计划、临时计划。

2. 按施工作业地点和性质分类

1）影响正线、辅助线行车的施工为 A 类。其中，在正线、辅助线开行电客车、工程列车的施工为 A1 类；在正线、辅助线不开行电客车、工程列车的施工为 A2 类；在车站、变电所、控制中心范围内，影响正线、辅助线行车设备运行的施工为 A3 类。

2）影响车场的施工为 B 类。其中，在车场范围内开行电客车、工程列车的施工（不含库内电客车、工程车检修）为 B1 类；在车场范围内不需要开行电客车、工程列车但在车场线路限界内，影响接触网停电，在车场线路限界外 3m 内种植树木、搭建相关设施及影响车场行车的施工为 B2 类；车场内除 B1、B2 以外的施工（综合部、食堂等生活办公设备设施维修除外）为 B3 类。

3）在车站、变电所、控制中心等范围内不影响行车的施工为 C 类。其中，大面积影响客运或影响消防设备正常使用或需要动火的作业（含外单位进入变电所、通信设备房、信号设备房、环控电控室、照明配电室、蓄电池室、水泵房、其他气体灭火保护房内作业）为 C1 类；除 C1 外其他不影响行车的施工为 C2 类。

三、施工计划申报程序

1. 提报计划的时间

1）运营分公司内部需提报周计划时，应于工作开始的前一周星期一 12：00 以前，向行车调度部施工管理工程师提交按规定填写的电子版本的一周施工计划申报表，一周施工计划申报表包括作业日期、作业部门、作业时间、作业区域、作业内容、供电安排、施工负责人、联系电话、防护措施、备注（主站、列车编组、配合部门及内容等）。

2）日调整计划应于工作开始前一天的 12：00 以前，由各部门施工计划编制人员收集、调整、汇总后向行车调度部施工管理工程师申报，节假日和节假日后的第一个工作日的日调整计划应在节假日前一天的 12：00 前向行车调度部施工管理工程师申报。

属于 B3/C2 类的作业，不需要提报计划，施工负责人直接与基地信号楼调度员/车站行车值班员联系并登记，经基地信号楼调度员/车站行车值班员同意后开始施工。

2. 外单位作业申请程序

外单位在实施属于 B3/C2 类的作业的施工时，必须按要求办理施工许可手续后，凭对口专业管理部门签发的外单位施工作业许可单，在对口专业管理部门的协助下，到车站办理相关施工申请。

1）外单位持施工技术方案和施工合同（施工委托单）至行车调度部。

2）行车调度部根据施工技术方案和施工合同（施工委托单）开具施工技术方案处理单，确定归口管理部门。

3）外单位到运营分公司归口管理部门办理施工申报。

4）归口管理部门负责协调外单位与安全部签订"外单位作业安全、消防、治安内保安全协议"，外单位的施工负责人（施工联络人）必须是经过运营分公司培训并取得相应资质的人员。

5）归口管理部门审核施工安全措施、影响情况、提供配合情况。

6）归口管理部门负责向行车调度部申报施工计划。

7）外单位办理施工许可手续后，凭归口管理部门签发的外单位施工作业许可单，在归口管理部门的协助下，到车站、车场、变电所、控制中心等规定场所办理相关施工申请及登记。

8）长期（签订合同一年半以上）委外单位可比照本单位的施工执行，但施工负责人必须经分公司对口专业管理部门安全教育培训合格。

四、施工作业令

1. 适用范围

凡编入运营分公司施工月（周）计划、日调整计划的施工，都必须登记领取施工进场作业令，临时计划原则上也需要领取施工进场作业令（在控制中心值班主任处登记领取），临时补修计划的作业令可以是传真件。

2. 行车调度部负责施工作业令的管理工作

凡周计划、日调整计划安排的施工项目，由行车调度部施工管理工程师签发施工作业令，临时计划由控制中心值班主任签发施工作业令。

3. 施工作业令的内容

施工作业令的内容包括施工作业代码、作业内容、作业区域、作业时间、施工负责人及施工联络人姓名和接触网停送电情况以及工程列车及其他配合事项等。

4. 领取程序

1）周计划的施工作业令，由行车调度部施工管理工程师在周五 16：30—17：00（行车通告发布后）统一发放给各作业部门（遇节假日需提前发放，具体时间由施工管理工程师告知），月计划的施工作业令发放时间另行通知。

2）日调整计划的施工作业令，由行车调度部施工管理工程师在施工作业开始前一天的 16：30—17：00 发放给各作业部门（节假日以及节假日之后第一个工作日的施工作业令一并在节假日之前的一个工作日 16：30—17：00 发放）。

3）临时计划的施工作业令，由行车调度部值班主任在施工前适当时间发放至各作业部门。

5. 使用程序

1）作业单位持进场作业令到施工地点所在的车站或基地信号楼登记请点施工。

2）A 类作业的施工，经行调审核批准方可安排施工。

3）车辆段级别的基地信号楼调度员和车站的值班员应在作业令上按要求填写相关的内容，同时作业完毕施工负责人还应向车辆段级别的基地信号楼调度员和车站的值班员销点，车辆段级别的基地信号楼调度员和车站的值班员向行调销点。

五、施工安全管理

每项属于 A 类、B 类、C 类（B3、C2 类除外）的作业需设立 1 名施工负责人，辅站另设施工联络人。属于 B3、C2 类的作业，需指定 1 名人员负责施工及施工安全管理。

(一) 施工防护

1) 接触网停电检修或需接触网停电配合挂地线时，由供电操作人员负责在该作业地段两端挂接地线。设置红闪灯的位置应在挂接地线的外方。

2) 站内线路施工时，由施工负责人在车站两端头轨道上设置红闪灯防护（特殊情况下，昼间高架车站派专人使用红色信号旗或红牌进行防护，以下同）。

3) 在站间线路施工时，除施工部门设置防护外，车站还负责该施工地段两端车站的端墙门对应线路中央（尽头线除外）处设置红闪灯防护。施工前，由请点车站设置红闪灯，并通知作业区另一端车站值班员放置红闪灯防护。施工结束后，车站撤除红闪灯，并通知作业区另一端车站值班员撤除红闪灯。如遇到跨越站内站间时，车站应在车站内另一端墙门处设置红闪灯防护。

4) 下轨行区作业的人员应自身做好安全防护，固定作业地点的作业，施工单位负责在施工区域两端的轨道中央设置防护信号或派专人防护；轨道或设备巡检作业可以不在施工区域两端设置红闪灯防护，但施工区域两端的车站应在端墙门对应线路中央（尽头线除外）处设置红闪灯进行防护。

5) 车站值班人员到站台检查红闪灯是否按规定摆放，并监督红闪灯状态是否良好，并对设置的红闪灯是否按规定摆放、状态是否良好进行不定期检查。

6) 基地内的设备检修施工和防护的有关规定按轨道交通公司的"基地运作办法"中规定执行。特别注明，在试车线的隧道内进行施工作业时，应在隧道口的线路中央放上防护信号进行隧道内的防护，施工负责人安排人员到隧道口对防护措施状态是否良好进行不定期检查。

7) 凡在运营时间内进行作业的，必须做好防护措施，确保地铁乘客的安全，最大限度减少对乘客的影响。

8) 在运营结束后，如果当晚没有工程车开行，车站可以不设置红闪灯等防护措施进行防护，但施工单位自身要做好安全防护措施。

9) 施工作业时除严格执行以上规定及运营分公司相关安全规定外，应按施工部门的有关施工操作程序的防护规定执行。

10) 特殊情况下多家施工单位进入同一封锁区间内施工的由主要施工单位负责防护和请、销点，主要施工单位由施工计划协调小组指定。

(二) 施工安全

1) 人、工程车在同一区域作业时，由施工负责人统一负责，需要动车时，由施工负责人向司机下达指令，司机按正确的指令执行。

① 按施工前进方向，列车在前，人员在后，原则上不得颠倒或列车运行前后皆有作业。

② 非随车施工人员与列车应有 50m 以上的安全间隔距离，原则上列车不得随便后退，如有需要退行时，车长（司机）应听从现场施工负责人的指挥，按要求退行，确保人身安全。

2) 组织调试电客车、工程车开行时，在电客车、工程车运行前方必须保证两站两区间空闲作为防护区域；在有电客车或者工程车配合作业的封锁作业区两端必须保证一站一区间空闲作为防护区域。

3) 凡进入线路施工的施工作业人员（包括外单位作业人员）必须按要求穿荧光衣，并根据作业性质及作业要求使用其他安全防护用品。

4）施工单位在作业期间需要接触网停电或接触网停电挂地线的，应在施工申请表中明确提出配合要求，施工请点时要确认接触网确已停电才能开始作业。如无停电要求，接触网一律视为带电体。

5）施工作业过程中如要进行动火作业，必须按照轨道交通公司运营分公司消防安全管理制度（试行）办理动火令及作业，严禁在无动火令的情况下进行动火作业。

6）委外项目施工由对口专业管理部门负责安全管理、安全监督。

六、施工时间的安排

1）正常施工起点时间应于最后一列车（含电客车、工程车等）离开作业区域两站两区间，且其他施工条件达到后，即可安排该施工作业。

2）正常施工时间应于空载的首班车开出50min前结束并出清线路，在有工程车返回的线路上施工时，有关作业必须在空载的首班车开出80min前完成，并出清线路。

3）工程车开行计划有变更时，相关部门应在当晚17：00前做出通知；因工程车故障不能开车时，设备中心生产调度人员应通知值班主任，由值班主任通知申请单位。

4）每日17：00前行车调度部施工管理工程师向申报单位、站务中心传送日调整计划（特殊情况时间往后推迟）。

5）每日运营结束前1小时前由OCC向各站布置临时补修计划。

七、施工纪律

1）施工人员应严格按施工计划限定的时间、区段、内容进行作业。

2）所有施工，遇特殊情况需延长施工作业时间时，施工负责人应在计划结束前的30min通过请点车站向行调申请，由值班主任进行审批。一般情况下，延点不得超过30min。

3）施工人员应按规定做好施工防护措施，发现违章，及时制止，确保作业安全。

4）施工人员须严格履行施工请、销点制度。

5）施工结束后，施工人员须清理好现场，将所动的设备恢复到正常行车条件并清点工器具、人员，撤除防护措施后，方准撤离施工现场。

八、施工组织

1. 按性质、地点分别组织

1）A施工类作业，须经行调批准，方可进行。

2）B类施工作业经信号楼调度员同意方可进行；如影响正线行车须报行调批准。

3）C类施工作业运营分公司内部的施工项目经车站值班站长（行车值班员）行调、电调、环调批准方可施工；外部单位施工作业按外单位工程施工作业管理流程进行，经车站值班站长（行车值班员）批准方可施工。

2. 施工人员进出站规定

1）施工负责人持作业令在作业令规定施工开始时间前15min到达主站；施工联络人及维修人员在作业令规定施工开始时间前10min到达辅站和相关车站；按规定程序办理施工作业手续。

2）施工作业人员于关站前 10min 进站。因工作需要确需关站后进入的应与车站联系，车站根据联系的地点、时间，查验手续后开门放行。

3. 请点规定

1）属于 A 类施工作业的，施工负责人在作业令规定施工开始时间前 15min 到车站填写施工登记表请点，由车站报行调备案，当线路出清后行调通知车站，车站值班员传达允许施工的命令，请点生效，可以施工。

2）属于 A 类施工作业，但需由多个车站进入施工的作业项目，施工负责人除到主站办理外，还需核实辅站情况。辅站施工联络人在作业令规定施工开始时间前 10min 到达辅站办理登记手续，辅站值班员向主站值班员核实施工事项并请点。主站接到行调允许施工的命令后，传达给施工负责人及辅站，辅站值班员允许施工联络人开始该作业点的施工。

3）属于 B 类施工作业的，施工负责人到信号楼调度员处填写施工登记表请点，具体操作程序按《基地运作规则》的规定办理，经信号楼调度员同意，便可施工（基地内进行影响正线行车的作业应经行调批准）。

4）属于 C 类施工作业的，经批准，施工负责人到车站登记请点。

5）如遇作业区域同时包含正线和基地线路时，施工部门到信号楼调度员请点，信号楼调度员在审核批准该项施工作业后，信号楼调度员还须向行调请点，征得同意后，方可允许施工部门开始施工。

6）有外单位作业时，由指定的施工配合部门人员协助办理请点后，方可开始作业。

7）作业请点站（主站）须持外单位作业许可单、施工负责人合格证、出入证、作业令原件，辅站登记可用作业令复印件（传真件）。

4. 销点规定

1）A 类施工作业，施工作业地点仅一个站的，施工负责人在施工区域出清完毕后，报车站，由车站向行调销点。

2）B、C 类施工作业施工完毕后，施工负责人负责施工区域的出清后到基地信号楼调度员或车站行车值班员处销点。

3）在基地影响正线的施工的销点，施工负责人在施工区域出清完毕后，向基地销点，基地在办理销点手续时必须同时向行调办理销点。

4）当多站销点时，辅站施工联络人负责本段线路出清并报施工负责人后，在辅站销点；辅站值班员向主站值班员销点；施工负责人负责该项作业区域全部出清后，方可报主站值班员销点，主站值班员向行调销点。

5）需异地销点的施工作业，施工负责人（联络人）应在车站施工登记表备注栏中注明异地销点的地点、人数内容、工器具等。登记进入施工的车站要及时通知异地销点的车站值班员。

6）当施工作业只有一组人员进行作业，需异地销点的，销点的时间不得超过施工行车通告上规定的时间。作业结束后，施工负责人向销点站登记销点。销点站经与施工负责人核对销点的施工内容、施工人数、地点全部无误后，记录施工负责人有效证件、姓名、作业令号码、作业人数等，并向请点站核对无误后，由销点站向行调销点，得到行调销点准许后，通知请点站施工已销点。

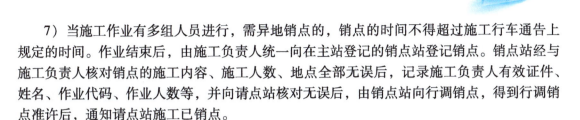

7）当施工作业有多组人员进行，需异地销点的，销点的时间不得超过施工行车通告上规定的时间。作业结束后，由施工负责人统一向在主站登记的销点站登记销点。销点站经与施工负责人核对销点的施工内容、施工人数、地点全部无误后，记录施工负责人有效证件、姓名、作业代码、作业人数等，并向请点站核对无误后，由销点站向行调销点，得到行调销点准许后，通知请点站施工已销点。

5. 非运营时间的设备检修施工

1）每日运营结束后，物资设施部按计划对各设备系统进行检修作业。并应于规定时间内完成对运行线路巡道和施工线路出清程序。

2）站间正线线路在两站之间作业需要开行工程列车时，由行调指定的车站值班员负责掌握施工情况，监督施工安全。

3）在正线及辅助线施工开始前，施工负责人应进行施工登记，经行调批准、发布命令。车站签认，通知作业负责人设置防护信号。监督施工人员进入正确的施工区域。

4）施工结束后，施工负责人负责线路出清、人员撤离现场，施工负责人经检查确认撤除防护后，办理注销施工登记手续，车站报告行调销点。

5）进入线路的施工不论是否需要封锁站间正线线路，车站值班员均应在施工开始前和结束后报告行调。

6. 施工作业时间调整

当日因特殊原因，施工作业时间需调整时，值班主任通知作业部门或对口专业管理部门，由作业部门或对口专业管理部门通知施工作业人员。

7. 遇需接触网停电挂地线的作业的规定

（1）接触网检修作业时的程序

1）接触网检修作业的施工负责人到相关车站登记请点，车站向行调请点。

2）线路出清后，行调通知电调停电。

3）行调接到电调已停电的通知，向车站发布停电通知，行调确认施工负责人已与电调请完点后批准车站请点。

4）车站接到行调的通知，做好安全防护后方可批准接触网检修人员开始施工。

5）施工结束，施工人员出清施工现场，接触网检修施工负责人向电调销点并向车站销点，车站报告行调销点，行调向电调确认可以后方可同意车站销点。

6）行调确认可以送电，通知电调送电。

7）电调根据行调的要求送电。

（2）正线需接触网停电挂地线配合作业时的程序

1）施工负责人到相关车站登记请点，车站向行调请点。

2）线路出清后，行调通知电调停电。

3）行调接到电调已停电的通知，向车站发布停电通知，并确认可以挂地线后，通知电调可以挂地线。

4）电调接到行调可以挂地线的通知，通知现场挂地线，确认完成后由电调通知行调。

5）行调接到挂好地线的通知后，通知车站准许施工。

6）车站接到行调的通知，做好安全防护后即可批准施工负责人开始施工。

7）施工结束，施工负责人向车站销点，车站报告行调销点。

8) 行调接到车站销点并确认后，通知电调施工结束。

9) 电调获知施工结束后，通知现场拆除接地线。

10) 电调确认现场已拆除接地线，施工人员已出清施工现场后通知行调。

11) 行调接到电调地线已拆的通知，行调确认销点生效，并确认可以送电，通知电调送电。

12) 电调根据行调的要求送电。

8. 施工人员进、出站及请销点作业程序。

表4-3 进、出站及请销点作业程序

序号	作业程序	备注
1	施工负责人及施工人员凭施工作业令及证件进车站；需关站后进入的，应事先联系	
2	施工负责人向值班人员填报人数，办理施工登记手续；多站请点的，主站施工负责人及辅站施工联络人向主站或辅站值班人员填报人数，办理施工登记手续。辅站值班员要向主站汇报，由主站统一负责请点	
3	车站值班员根据施工负责人提出的施工申请及所报人数，办理施工登记手续，并按有关规定办理请点	
4	行调根据车站请点要求审核，批准	
5	车站值班员通知本站员工及相关车站设置防护	B类作业到信号楼调度办理，C类作业可省略
6	车站员工（站务员）根据值班员的指示及要求设置防护	
7	施工负责人根据施工要求设置防护	
8	开始施工	
9	施工结束后，施工负责人清点人数，出清线路，撤除防护措施，到车控室办理销点手续；多站销点的，主站施工负责人及辅站施工联络人清点人数，出清线路，撤除防护措施，辅站施工联络人向主站施工负责人报线路出清，主站施工负责人向在主站登记的销点站车控室统一办理销点，同时施工负责人应在销点站进行书面登记	
10	车站值班员按有关规定办理销点	
11	行调根据车站销点要求审核，批准	
12	车站值班员销点后通知保安人员开出入口门送施工人员出站	

9. 有关配合作业的基本要求

1) 需要其他部门配合的作业，应主动在作业前和配合部门联系，并向配合部门详细说明配合的有关情况，如不事先联系，得不到配合部门的及时配合，后果由作业部门负责。

2) 配合部门必须严格按配合要求提供配合，并按作业开始时间的要求提前做好准备，依时到场，对于配合外单位作业的，必须协助办理请、销点手续。

3) 需其他部门配合作业的主作业部门，必须按规定的作业时间办理相关手续，超过30min 的，视作该项作业取消，配合部门有权拒绝配合。

4) 需其他部门配合作业的施工项目，在进行相关作业时，应加强与配合部门联系，并做好安全防护工作。

5) 外单位的工程车在轨道交通的线路上作业时必须要有轨道交通的工程车司机添乘；工程车运行前，车辆部对机车及连挂车辆的技术状态做必要的检查，保证技术状态及制动作用良好；施工负责人亲自或派胜任人员对连挂车辆装载的货物进行检查，确保装载牢固，并不得超出规定的车辆限界，经司机检查确认后，方准运行。

九、工程车开行

1. 工程车开行的有关规定

1）工程车运行前，车辆部对机车及连挂车辆的技术状态做必要的检查，保证技术状态及制动作用良好，施工负责人亲自或派胜任人员对连挂车辆装载的货物进行检查，确保装载牢固，并不得超出规定的车辆限界，经司机检查确认后，方准运行。

① 安排工程车作业时，必须严格按照划分的区域安排作业，工程车必须在计划时间内到达规定地点。

② 工程车进入封锁区间施工时，除施工单位自身要做好防护措施外，车站须在该施工地段两端车站的端墙门对应线路中央处设置红闪灯防护，以警示注意。

2）使用工程车进行巡检时，要保证机电在轨道正线上正常作业。

3）工程车返回时，从离开作业区，运行时车长、司机负责观察，确保工程车返回基地途中的前方线路出清，并保证车上物品及部件不掉落。

4）工程车进路排列由行调负责，行调在指挥工程车运行时要在线路施工作业登记表上严格确认工程车运行前后有无施工作业，并在 MMI 上确认工程车运行的前方进路已准备好。

5）行调发布封锁区间线路施工命令时，如不指明不包括车站时，就是包括车站在内。

6）封锁区域工程车运行由施工负责人负责指挥。

7）涉及接触网停电挂地线且需工程车配合的作业时，工程车到达作业区后，行调同意后才挂地线；作业完毕，地线拆除，得到行调命令后司机方可动车回基地。

2. 工程车开行

1）在工程车出基地前，工程车司机要与行调试验无线电的性能；工程车在运行中，司机和车长要加强与行调联系（如联系不上时通过车站转达），掌握列车运行计划，确认进路。

2）工程车在进站、出站、运行至曲线前，站内或区间动车前，均须鸣笛示警。

3）行调组织工程车正线运行时，应尽量避免分段行车；当前方施工作业未按时结束或因特殊情况须组织工程车分段运行时，行调经车站通知工程车司机允许运行的起、止站，司机必须复诵。

4）工程车在封锁区域内作业，原则上进路的道岔不得转动，若因作业确需转动道岔时，应按"要道还道"调车方式办理。由施工负责人向车长提出，车长与车站联系动车计划，车站值班员方可操作道岔转动，并单独锁定该道岔后，方可通知车长动车。

① 因施工、装卸货物的需要，工程车编挂平板车需在车站甩挂作业时，必须经控制中心值班主任批准，做好安全防护及防溜措施并及时挂走。

② 原则上工程车在区间内不允许甩挂作业。

3. 正线发生故障或事故时工程车、救援列车的组织

1）设调负责向行调提出使用工程车的计划（上人、设备地点和数量），由行调向信号楼调度员发布调车指令。

2）信号楼调度员按行调的要求组织在 10min 内把工程车开行到基地内指定地点。

3）抢修工作执行部门在工程车到达后 10min 内完成装载设备、物品等工作，并安排跟车人员上车；

4）行调负责组织工程车或救援列车从基地至封锁区间前一站的运行。并命令该站，向工程车或救援列车交付封锁命令。

5）行调负责通知现场指挥指派一名联络员登乘工程车或救援列车驾驶室，将进入区间的计划交给车长，由车长引导进入封锁区间，并按计划指挥动车。

6）如封锁区间内有道岔、辅助线时，由车长与车站联系调车进路计划，车站排好进路后通知车长，由车长指挥动车。

7）工程车或救援列车使用完毕，由联络员引导回到原交接站。

8）工程车在车站装卸物料时，物料必须整齐堆放稳固在距站台边缘 1m（在距屏蔽门边缘 0.5m）以外的地方，施工负责人要负责监控，查看是否有物品侵限。

十、运营时间内特殊情况的施工规定

1. 正线、辅助线发生各类设备故障或事故需封锁区间抢修的规定

1）正线、辅助线发生各类设备故障或事故需封锁区间抢修的程序。

① 由行调负责组织故障情况下的行车，根据设调要求组织相关问题的处理。

② 行调向有关站发布封锁线路的命令，需要时通知电调停电。

③ 设调得到行调的封锁命令号码、范围和时间后，负责组织封锁区间内的设备抢修工作，并指定一名施工负责人为现场指挥；同时现场指挥指派专人在车控室进行防护，被指派到车控室的防护人员负责抢修作业的请销点工作，同时还负责与现场指挥积极联系，随时掌握抢修的进度。

④ 抢修完毕，现场指挥确认线路出清后报设调，设调在值班主任事故/事件处理记录表上签认恢复行车时间，该封锁区间交回行调解封、组织列车运行。

⑤ 列车或车辆在线路上的起复救援工作按轨道交通公司的突发事件应急报告程序等有关规定执行。

2）抢修、救援人员进出已交由设调控制、封锁的区间应使用无线电话（如无法联络时经车站）向设调申请，得到设调批准后进入封锁的区间。

3）遇车辆在线上的起复救援工作，涉及系统设备，由分管的电调、环调或设调向值班主任提供技术支持，包括：

① 影响范围、预计处理（开通）所需时间。

② 变更的运行模式（指系统设备），如越区、单边供电，借用相邻设备等。

③ 处理进展情况。

④ 达到开通条件（轨道、供电）时的报告。

4）设备故障或事故处理时，线路出清的确定：

① 根据现场情况，由行调组织行车，由现场指挥负责现场抢救工作。

电调、环调、设调接到故障或事故报告后，要尽快分析、作出判断，并在值班主任处理事故/事件记录表内签认。

现场维修人员、现场指挥确认行车条件后通知值班员，值班员报行调时，行调在行调处

理事故/事件记录内做好记录，包括姓名、职务、报告时间和报告内容。

② 故障、事故处理完毕，由现场指挥报设调/检调，设调/检调再报行调/信号楼调度线路开通；遇车辆在正线上起复救援时，由现场指挥确认可以行车后报告行调开通线路。

2. 运营时间正线发生各类设备故障进行临时抢修的规定

1）进入隧道前，须先到车控室办理有关手续，在得到行调批准并落实安全防护措施后，方可进入。

2）进入站台或靠近站台的第一个轨道电路区段线路的施工安全措施。

① 施工负责人按规定放置红闪灯进行防护。

② 值班站长（值班员）在 IBP 上使用紧急停车按钮对相关轨道区段进行施工防护，并通知站台站务员。站台站务员要监督抢修人员进入正确的区域，并报告值班站长（值班员）。

③ 行调把列车扣停在后方站。

④ 人员进入轨道时，应通过站台端墙的上下轨道楼梯进出。负责站台的人员要监督施工作业人员进入作业区域是否正确的确认。

⑤ 同时现场指挥指派专人在车控室进行防护，被指派到车控室的防护人员负责抢修作业的请销点工作，同时还负责与现场指挥积极联系，随时掌握抢修的进度。

3）运营时间到区间隧道的抢修行车设备的规定：

① 须搭乘客车到区间隧道抢修行车设备时，经值班主任批准。

② 由设调组织好抢修人员在车站等候，按行调指定的车次上车（行调通知所有列车司机和相关车站）。

③ 抢修人员登乘驾驶室，通知司机在故障点前停车，从驾驶室门下车进入轨道，尽快进入安全地带后，用手信号灯白色灯光做圆形转动或通过无线电（表示已到安全地点）通知司机继续运行。

④ 进入驾驶室的抢修人员，不得影响司机的工作，并以 2 人为限。如果超过 2 人时，其余人员到客室乘车，下车时通过驾驶室门进入轨道。

⑤ 未经行调同意，在水泵房的抢修人员只能在水泵房内作业，严禁侵入行车限界，影响行车及人身安全。

⑥ 须从区间内返回车站时，维修人员使用无线电话向设调申请，设调与行调协商后，分别通知抢修人员和列车司机，抢修人员使用手信号红色灯光给停车信号，指示司机停车，并打开驾驶室车门让检修人员上车。

4）在车站或线路两旁发生设备故障或事故，但不影响到列车正常运行时，由值班主任统筹处理。

3. 基地内发生各类设备故障或事故时的处理规定

1）由场调负责封锁相关线路。

2）如为行车事故，由场调统筹组织处理，车辆检修调度、派班员配合。

3）属车辆部管辖设备的故障，由车辆检修调度统筹组织处理，并指定一名专业人员为现场指挥。

4）属物资设施部所管辖设备的故障，由设调统筹处理，并指定一名相关专业人员为现场指挥。

课题四 车站各类台账、报表填记标准

一、车站行车台账填记标准

1. 行车日志

1）表头中日期、班次、天气、交班人、接班人按实填记。

2）列车运行计划栏填记该班次使用的运行图号及时段（一个班次涉及两个时刻表的要分别注明时间段）。

3）路票栏填记车控室保存的路票起止编号及张数，如当班使用的还应注明已使用路票的起止编号和张数。

4）钥匙栏填记车控室保存的钥匙数量及是否齐全，如有借出后尚未归还的一并在此栏中注清楚，要求有钥匙借出登记簿与之相对应。

5）其他栏如实填记其他备品的状态（如：备品齐全完好、电量充足），如有借出后尚未归还或损坏尚未修复的，一并在此栏中注清楚。

6）上级重要指示及文件精神栏填记新收到要求记名传阅的文件编号及名称、上级领导指示要求、学习及会议通知等内容。

7）交接班注意事项栏填记本班发生的重大事情以及有可能与下一班有关或需下一班处理、监督落实或重点防范的问题。

8）开站后的头三趟载客列车及关站前的最后三趟载客列车、电话闭塞法办理运行的列车，要在行车日志上记录，其余正常载客列车可省略不记录。

9）省略不记录的载客列车中，如发生晚点列车、专列、救援列车等非正常列车时必须记录，并向邻站报点。（早晚点列车在备注栏中，用"-／＋"符号并注明早晚点时分）。

10）夜间停止服务后开行的施工列车、调试列车，包括进入封锁区间的列车除两端站按行车日志的规定项目记录外其他站无需记录。

11）对站停列车，要正确填写"本站到达"时间和"本站出发"时间；对通过列车，在行车日志上的"本站到达"栏内填写"／"，"本站出发"栏填写本站通过的时间。

12）列车反方向运行时，上行列车填写在上行栏，下行列车填写在下行栏，在备注栏内填写"反"字。

13）行车值班员接班后，填写行车日志时要另起一页。

14）夜班时两日中间分别加盖日期章，章盖在上行或下行一栏中间。

15）对电话记录号码及到发时间栏的填记做如下规定。

① 分母栏一律填写收发时间，分子栏填记电话记录号码。

② 到达栏中第一项填记本站同意发车站电话记录号码和时间，第二项填记本站给发车站解除闭塞的电话记录号码和时间。

③ 出发栏中第一项填记接车站同意本站电话记录号码和时间，第二项填记接车站给本站解除闭塞的电话记录号码和时间。

2. 施工作业登记簿

1)"施工登记内容栏"中"月日""作业代码""施工单位""施工负责人""施工内容""施工起止时间"等项目由施工负责人根据作业令内容如实填记;其中"月日"栏中月日间用"·"分开,不得用"/"作为分隔标识。

2)行车值班员在核对施工通告和作业令以及登记内容无误后签名确认,不得以盖章代替。

3)站厅、站台施工中,"行调承认时间""行调承认代码""行调代码"等项填写"/";轨行区施工中,"行调承认时间""行调承认代码""行调代码"等项根据行调给定的内容填记。

4)"施工注销内容"栏中,"注销时间""注销人签名""施工结果"等项由施工负责人填记,其中,"注销时间"项以实际注销时车控室时间为准,如登记时间和注销时间非同一日应在时间前加注"次日"。

5)"施工结果"项施工结束,负责人在确认施工场地出清、设备正常、人员出清后填写人员工具清设备正常;若为异地注销,行车值班员须将注销人签名和施工结果栏合并填写"接××站行值×××电话注销,人员工具出清、设备正常"。

6)值班员在确认注销人和施工结果正确无误后签名确认,不得以盖章代替。

7)站厅、站台施工中,"行调销点时间""行调代码"两项填写"/";轨行区施工中,"行调销点时间""行调代码"等项根据行调给定的内容填记。

8)"备注"栏内填记车站认为有必要记录的情况(如销点时间填记不实、未注销等);轨行区施工异地销点作业时,施工负责人还应将销点车站名和作业人数在"备注"栏内注明。

3. 调度命令登记簿

1)"日期"栏填记要求每页首行或年份更换时"年、月、日"齐全,次行起可只填"月、日",年月日间用"."分开,不得用"/"作为分隔标识。

2)"发令时间"栏以行调给定的命令生效时间为记录依据。

3)"号码"栏填记要求数字清晰,以不产生疑义为标准,该条命令使用完毕用红笔在号码上划"√"。

4)"抄令处所"栏为接受命令的单位如:××车站、××站交××次司机等,当行不够填写时换行,不得在一行内填写两行内容。

5)"调令内容"栏命令内容中的每一项均另换一行,项目序号统一使用("1.""2.""3."),内容中涉及上下行车次的用反斜杠隔开。

6)"复诵人"栏填记行调指定的复诵人姓名。

7)"受令人"栏填记本站接受命令人姓名,签名确认不得以盖章代替。

8)"行调姓名"栏填记行调发布命令生效时间时给定的代码,不可臆测预先填记。

9)"日期""发令时间""号码""复诵人""受令人""行调姓名"等六栏,填写在本条命令的首行。

10)两条命令之间隔一行填记。

4. 设备故障登记簿

1)"登记"栏中"日期"项填记要求每页首行或年份更换时"年、月、日"齐全,次行起可只填"月、日",年月日间用"."分开,不得用"/"作为分隔标识。

2)"时间"项填记以报修时车控室时钟为准,精确到分。

3)"故障现象"项填记内容要求将故障现象描述准确即可,不得加入个人推测内容。

4)"通知方式及部门"栏默认为电话通知,如以其他方式通知时须如实填记。

5)"值班员签名"项要求报修人签字,不得以盖章代替。

6)"销记"栏中"日期"项由维修人员填记维修当天的月、日。

7)"维修人员到达时间"项由维修人员填记,精确到分,以车控室时钟时间为准。

8)"设备修复状态"项由维修人员作业完毕后填记修复时间及是否修复,维修人员拒绝填写时,由车站值班员用红笔代为填记。

9)"值班员签名"项要求当值人员确认实际情况后签名,不得以盖章代替。

5. 手摇把使用登记簿

1)借用人在借用时按实际情况填记"月""日""时分""使用原因""使用人签字"等栏。

2)当班值班站长在确认借用人身份符合要求时,在"值班站长签认"栏中签字确认,不得以盖章代替。

3)手摇把使用完毕后,"月""日""时分""道岔位置及状况"等栏由借用人在归还时填记,其中"道岔位置及状况"栏内注明道岔位置、注销人签名及状态是否良好,道岔位置和注销人间用"/"分开,手摇把使用人和注销人必须为同一人。

4)值班站长必须在 HMI 上确认道岔位置正确并通过相应的试验正常后,方可在签认栏内签名确认,不得以盖章代替。

6. 消防控制室值班记录

1)"值班人员""值班时间"栏按实际填写。

2)"消防设施运行状况"栏中,如消防设施运行正常时填写"正常",发生异常时详细填写异常情况的发生时间、设备上显示的现象、确认情况、报修情况。

3)"故障及排除情况"栏中填写维修人员到达现场时间、姓名、人数、处理后设备状态是否良好、修复时间、修复后现场确认和设备试验情况。

4)"其他情况"栏填记其他同消防有关但不属于上述两类的情况。

5)"交接班留言"栏填记下一班需要重点关注和跟进的事项以及领导要求的消防方面限期完成的工作。

6)接班人签认前要详细阅读上述几项内容,交接完毕后交班人应督促接班人及时签名,如发生交接不清的问题,责任借定以是否签名为准。

7. 防火巡查登记簿

1)"时间"栏填记要求从接班起间隔不大于两小时巡查填记一次,不得提前填写或事后补写。

2)具体项目中如情况正常打"√",存在问题打"×",并在"备注栏"内写明存在的问题及处理情况,对发现的问题要及时处置,无法当场处置的要立即报告。

3)巡查人为客运值班员、监督人为值班站长,"巡查人签名""监督人签名"栏必须在巡查人巡查结束登记后方可确认签名,严禁代签,或超前填写。

4)如无异常情况,在"备注栏"内填写"无"严禁空白。

单元四　车站日常运作

二、车站票务台账填记标准

1. 客运值班员交接班簿

1）"表头"：填写日期、班次。

2）"交接票款"："封包数"为上缴银行钱款装包个数；"金额"为上缴银行的票款金额。

3）"现金"："TVM 备用金"只限填写用于 TVM 的备用金，包括 TVM 机器内现有的金额＋留存在站内的备用金；"车站备用金"包括售检票备用金＋车站备用金＋车站应急备用金；"备注"可填写各项备用金明细。

4）"纸票"：填写纸票的库存张数，按低票面额归类，如 2、3、4 元等。

5）"预制单程票"：填写已经预赋值的用于应急的单程票数量，按单程票面额归类，如 2、3、4 元等。

6）"废票"：填写车站票务室现有废票累计数量。

7）"发票"：乘客购买单程票或储值卡充值后，交给乘客的凭证。填写车站库存张数，按面额归类，如 2、3、4、50 元面值。

8）"乘客事务处理单"："数量"填写车站当日库存张数；"编号"填写乘客事务处理单起止号码。

9）"各类代售票"：暂不填写，划斜杠。

10）"票务钥匙"：客运值班员当班使用的所有票务钥匙把数，包括：票务室钥匙、保险柜钥匙、TVM 钥匙、闸机钥匙。

11）"票务备品"：票务室使用的各类机具，包括点钞机、点币机、验钞机等。

12）"备注"，填写示例：×点×分，卡号：_____测试 S1、B2、G3 正常，单程票交×××售卖。

13）"交班人"填写当班人员；"接班人"填写下一班次工作人员；"交接时间"填写交接班时间。

2. 客运值班员与售检票员交接班簿

（1）接班

1）日期：以阿拉伯数字填写当班日期。

2）班次：填写"早班"或"中班"。

3）备用金：售检票员当班时从客值处领取的备用金数。

4）乘客事务处理单起止号：填写售检票员当班领用的乘客事务处理单的起止编号。

5）发票起止号：填写售检票员当班领用的发票起止编号。

6）备注：领用单据需做出说明的事项。

7）客值签章：当班客值签名或盖章。

8）售检票签章：当班售检票员签名或盖章。

（2）交班

1）备用金：售检票员交还当班时从客值处领取的备用金数。

2）当班票款：售检票员当班售票收入。

3）乘客事务处理单起止号：填写售检票员当班使用后剩余的乘客事务处理单的起止

编号。

4）发票起止号：填写售检票员当班使用后剩余的发票起止编号。

5）备注：交回票、款需做出说明的事项。

6）售检票签章：当班售检票员签名或盖章。

7）客值签章：当班客值签名或盖章。

3. TVM 补币记录表

1）本记录用于车站对 TVM 进行补币的记录。

2）表中涉及的数字（如日期、时间、金额、编号等）统一使用阿拉伯数字填写。

3）"TVM 号码"一栏填写 TVM 编号，如 TVM01。

4）"补币时间"一栏采用 24 小时制格式填写，精确至分钟，如 16：28。

5）"补币金额"以元为单位，精确到 0.5 元，如 21.5 元。

4. 车站票据登记簿

1）本台账用于对车站的票据进行登记，包括纸票和单程票发票。

2）表中内容用黑色钢笔或签字笔填写，不准用其他笔填写。

3）表中涉及的数字统一使用阿拉伯数字填写，精确到个位。

4）发票的起止号填写发票上印的全部编号。

5）票务室配备是指由票务中心配给车站的发票数。

5. 客运值班员与售票员纸票交接登记簿

（1）"领用栏"

1）"日期"栏填写当日日期。

2）"票价"栏填写领用纸票的面值。

3）"起止号"填写领用纸票的起止号。

4）"张数"填写领用纸票的张数。

5）"客值"填写发放纸票的客值姓名。

6）"售票员"填写领用人的姓名。

（2）"销售栏"

1）"起止号"填写售票员所销售纸票的起止号。

2）"张数"填写售卖纸票的张数。

（3）"销售结存栏"

1）"起止号"填写剩余纸票的起止号。

2）"张数"填写剩余纸票的张数。

3）"售票员"填写销售人员的姓名。

4）"客值"填写回收纸票的客值姓名。

（4）"备注栏"

填写发放给售票员的票务备品如备用金、票盒、日期章等。

6. 票款差异记录表

1）"接收日期"填写收到长短款通知的日期。

2）"接收人"填写当班的值班站长姓名。

3）"发生日期"填写发生长短款的日期。

4）长短款金额分别填写长款或短款金额。

5）差错原因填写造成此次票款差错的具体原因。

6）差错当事人填写造成票款差错的客值姓名及值站姓名。

7）补款日期填写补交短款的日期（如长款可不写）。

8）车站对当事人的处理结果。

三、车站报表填记标准

1. 报表填写的基本要求

1）报表填写必须真实、准确、完整、及时，填制人员必须严格执行票务规章制度。

① 真实：报表必须由指定人员填写且如实反映票务情况，不得捏造事实，弄虚作假。

② 准确：报表填写前认真核对实际情况，以正确无误的数据填列，并要仔细复核。

③ 完整：必须按报表所列事项填写，不得遗漏。

④ 及时：报表必须在规定期限内填制完毕，并按规定时间交票务中心，无特殊原因，不得故意延迟时间。

2）属于复写的报表，一定要复写清楚，要求上下一致，并可辨认。报表的各项内容必须按要求填写，不应随便空格不报，若因客观原因不产生数字的空格用"—"符号表示。

3）报表填写的文字不得使用红色笔填写，必须用蓝色或黑色笔填写，字迹必须清晰、工整，不得潦草。属于复写的报表用圆珠笔填写，属于非复写的报表用钢笔或签字笔填写。填写人员必须签章。

4）报表填写的数字必须一个一个填写，不得连笔书写。对金额一项，小数点后无数时，应写"00"或"—"表示。

5）报表填写发生错误时，不得刮擦、挖补、涂抹或用化学药水更改字迹。更改数字必须用"划线更正法"。应用"划线更正法"更正时，在报表中错误文字或数字上划一红线，以示注销，要求划去整个错误数字，然后在该处盖上更改人员名字修正章以示负责；若更改次数过多导致报表不清时，应另填写一份，该报表作废。报表在写坏作废时，应当加盖"作废"戳记，全部保存，不得撕毁，并随当日报表于次日交票务中心。

2. 报表的填写说明

车站收入日报为车站票务收益报表的总表。另外站务员结算单、乘客事务处理单、车票库存日报、TVM清点记录单均为附表。附表中的所有数据均应与总表中的数据相对应。

（1）站务员结算单

1）售票员应按当班日期如实填写。

2）"班次"栏填写为早班、中班，上全天班的填写为早、中班。

3）车站每一售检票员售卖普通单程票、预制单程票、纸票、储值票在同一张站务员结算单上应分区填写。

4）普通单程票：

① "票箱号"栏填写售检票员当班时所使用的单程票票箱编号。

② "开窗数"栏填写售检票员开窗售票前各票箱的张数；"关窗数"栏填写售检票员本班结束后各票箱内的剩余张数。"废票数"栏填写售检票员在售票过程中发售的废票数。若在出售过程中所使用的单程票票箱售空，则另起一行重新填写（填写方式如前）。

③"出售数"栏填写售检票员当班期间的售票数量（除废票外）。公式为：出售数＝开窗数－关窗数－废票。售票张数中包括：正常售卖的单程票、免费出站票、付费出站票、免费有值单程票。

④"出售金额"：出售金额＝实收金额－预制单程票的小计数－储值票的小计数－纸票的小计数－单程票机器补值－手工补值款，应最后计算填写。

⑤"免费出站票""付费出站票""免费有值单程票"的张数及"免费有值票金额"应根据"乘客事务处理单"汇总填写。

⑥"合计"栏填写各项的相加之和。

5）纸票：

①纸票是车站为应付大客流或应急时使用的，原则上应单独售卖。

②"票价"填写售卖纸票的各项票价。

③"开窗数"栏填写售检票员开窗售纸票的张数；"关窗数"栏填写售检票员当班结束后售卖纸票的剩余张数。"出售数"，其数值为计算公式为：出售数＝开窗数－关窗数。

④"金额"栏填写对应的各票价的出售金额。

⑤"小计"栏填写以上金额的相加之和。

⑥若车站出售团体票也在"纸票"栏中填列。"票价"栏填写售卖的某个金额的团体票（如2元团体票），"开窗数"填写售票员当班开始前客运值班员配发团体票的张数，"关窗数"填写售票员当班结束后所剩团体票的张数，"金额"栏填写所售团体票的金额。

6）预制单程票：

①"预制单程票"指在车站售卖的，为应付节假日大客流或发行纪念单程票由票务中心直接在编码/分拣机上预赋值的单程票，原则上应单独售卖。

②"票价"填写售卖预制单程票的各项票价。

③"开窗数"填写客运值班员给售检票员配发的预制单程票张数。当配发车票数量不足，需要追加时，则"开窗数"列用"A＋B"形式表示（A为上岗前所配张数，B为追加张数）。

④"关窗数"列填写本班售票结束后，客运值班员回收预制单程票的实际张数。

⑤"出售数"栏填写售票员当班期间的售票数量。

⑥"金额"栏填写对应的各票种的出售金额。

⑦"小计"栏填写以上金额的相加之和。

（2）车站收入日报

1）由于地铁原因产生的退款、收到退款通知书产生的退款、不符合乘车规定产生的退票、TVM清点时发现的残损币、游戏机币等均应在当日总票款中扣除。除在"残损款"栏中相应填写外，还应在"备注"栏中说明各项残损款的具体明细。

2）客运值班员应按当班日期如实填写。

3）由每日的夜班客运值班员计算车站当日的营收情况后完成该报表。

4）"TVM"栏中"票款收入"一项根据TVM清点记录单中计算出的票款收入填写。一般情况下每晚运营后清点。

5）"BOM"栏的"普通单程票""单程票机器补值"与"手工补值"根据售票员结算单里相应栏的数额填写，如遇其他情况可填写在空格栏里。

6)"其他票款收入"栏的"纸票""预制单程票""计次卡"根据售票员结算单里相应栏的数额填写,如遇其他情况可填写在空格栏里。"补机器差异数"填写补足机器差异(实点金额和CC金额的差异)产生的短款。"加收票款"填写罚款收入及其他可能产生的收入(如车站票务人员拾到的票款现金等)。

7)"补短款"中的"补银行差异数"根据车站各短款人员偿还的银行清点后产生的短款数填写。

8)"残损款"栏中填写各种退款的金额。其中"退款栏"填写由于地铁原因产生的退款、收到退款通知书产生的退款及携带违禁品产生的退票等。"残损币"栏填写TVM收到的残损币。"游戏币"栏填写TVM收到的游戏币。

9)"解交银行额"栏填写当日车站的实际解交银行额,根据当天"封包明细表"总金额填写。

10)"备注"栏填写一些需说明的情况及与银行所发生的补短款明细(补短款明细必须注明××人××员工号补××日××元短款)。

11)客运值班员签章和"审核人"应直接签章(包括姓名和员工号)。

(3)乘客事务处理单

1)免出、付出、免更、付更均不需要填,只有符合填写选项的才需要填写。

2)"客运值班员/值班站长签章"栏中签字人员除签字外还应相应打"√"。

3)车站办理乘客事务时均需填写乘客事务处理单。

4)乘客事务处理单必须按编号顺序、逐张使用,严禁跳号。

5)乘客事务处理单填记时须字迹工整、无较大涂改,当报表因错误较多影响审核时,该乘客事务处理单按作废处理,次日上交票务中心。

6)售票员与客运值班员应按处理时间如实填写。

7)"事件详情"栏和"处理结果"栏在相应内容前括号中打"√"。

8)当出现本表中未列出的特殊情况时,由售票员根据情况手工填写事件详情和处理结果。

9)乘客资料栏由乘客填写,如无特殊情况应要求乘客如实填写。

10)办理乘客事务填写乘客事务处理单时均要求车站客运值班员及以上人员到场处理情况并签名确认。

11)特殊。如营业时间中,乘客在购票过程中出现TVM卡币和吞币的情况,现场无法确认还给乘客,则填写乘客事务处理单(如单号为00001),注明"事件详情",在"处理结果"中手工填写处理结果。营业结束后,清点TVM票款时确认了乘客卡币、吞币的金额,则从TVM票款中扣下卡币、吞币的金额,等乘客来时还给乘客。乘客下次来取卡币、吞币金额时另填一张乘客事务处理单,除注明"事件详情"和"处理结果"外,还须注明见上一张没有处理的乘客事务处理单的编号(如:见乘客事务处理单00001)。

(4)TVM清点记录单

1)"编号"根据TVM的编号填写。

2)"硬币钱箱"栏中的"显示金额"项填记内容为TVM显示界面中"财务状态"的"AR030"数据;"实点金额(1)"项填记内容为硬币钱箱内硬币的实际清点金额(实际清点时若发现游戏机币,则"实点金额"为不包括游戏机币金额在内的实际清点金额);

差额＝实点金额（1）－显示金额。因故障无法读取"显示金额"项数据时，显示金额写0，实点及补币金额如实填写。

3）"纸币钱箱"栏中的"显示金额"项填记内容为 TVM 显示界面中"财务状态"的"AR050"数据；"实点金额（2）"项填记内容为纸币钱箱内纸币的实际清点金额；差额＝实点金额（2）－显示金额。因故障无法读取"显示金额"项数据时显示金额写0，实点及补币金额如实填写。

4）"TVM 备用金"栏中"找零器钱箱"项的"壹元"填写内容为 TVM 显示界面中"财务状态"的"AR100"数据；"五角"填写内容为 TVM 显示界面中"财务状态"的"AR101"数据。

5）"TVM 备用金"栏中"TVM 硬币鼓"项的"壹元（1）"填写内容为 TVM 显示界面中"财务状态"的"AR070"数据；"壹元（2）"填写内容为 TVM 显示界面中"财务状态"的"AR071"数据；"五角（1）"填写内容为 TVM 显示界面中"财务状态"的"AR072"数据；"五角（2）"填写内容为 TVM 显示界面中"财务状态"的"AR073"数据。

6）"TVM 备用金"栏中"小计"项填写内容为找零器钱箱和 TVM 硬币箱所有数据的相加之和。

7）"合计"栏填写内容为相对应栏所有数据的相加之和。

8）"备注"栏填写更换钱箱、补币的具体情况和金额以及其他需要特别说明的情况。

① TVM 因为故障无法读取"TVM 备用金"栏中所涉数据时，须在相应编号的"备注"栏中注明情况，在计算今日备用金时以上一工作日正常数据为准。

② 如 TVM 找零器在当天补过零钱，须在相应编号的"备注"栏中注明补币时间（×日×时×分）以及金额。

③ 发现游戏机币时在相应编号的"备注"栏中注明游戏机币数量。

9）客运值班员和"审核人"应直接签章（包括姓名和员工号）。

注： 1）如果遇见乘客事务处理单上没有说明的问题，根据当地轨道交通票务政策酌情处理。

2）要求票务人员填写票务报表时均需签章，或者签名加员工号。

单元考核

1. 简述行车值班员岗位技能。
2. 简述客运值班员岗位技能。
3. 简述施工纪律。
4. 简述正线发生各类设备故障或事故需封锁区间抢修的程序。
5. 简述普通单程票报表的填写说明。

单元五

车站安全管理

【学习目标】

1. 掌握安全管理知识。
2. 掌握事故预防处理内容。
3. 熟悉事故分析知识。

课题一　安全管理概述

安全，是一个极为重要的课题。人类要生存、要发展，就要认识自然改造自然，就会有生产活动和科学研究。生产活动的增加和科学技术的发展改善人类生活的同时也产生了威胁人类自身安全的一系列问题。特别是一些高危、高风险行业重大生产事故的发生，造成了大量的人员伤亡和财产损失，给企业和社会带来了极大的危害。安全生产作为企业的经济问题和社会的稳定问题，越来越引起企业和社会的重视。

安全生产管理作为管理学和安全学的一个分支，自然也成为生产管理的重要组成部分。所谓安全生产管理就是指国家利用立法、监督、监察等司法、行政手段，企业通过规范化、标准化、科学化、系统化的管理制度和操作程序，对危害因素进行辨识、评价、控制，实现生产过程中人与机器设备、物料以及环境的和谐，达到安全生产的目的。

安全生产经营管理的内容包括安全生产管理机构、安全生产管理人员、安全生产责任制、安全生产管理规章制度、安全生产策划、安全培训教育、安全生产档案等。安全生产经营管理的基本对象是人，涉及企业生产经营过程的所有人员、设备设施、物料、环境、财务、信息等各个方面。

一、安全生产方针

安全生产管理，坚持"安全第一，预防为主，综合治理"的方针。

所谓"安全第一"就是在生产经营中，在处理安全与生产经营活动的关系上，要始终把安全放在首要位置，优先考虑从业人员和其他人员人身安全。实行"安全优先"的基本原则。在确保安全的前提下，努力实现生产经营目标和其他目标。

所谓"预防为主"就是说对安全生产的管理,主要不是在事故发生后去组织抢救,进行事故调查、处理和分析,而是按照系统化、科学化的管理思想,按照事故发生的规律和特点,千方百计预防事故的发生,做到防患于未然,将事故消灭在萌芽状态,使得有可能发生的人员伤亡、财产损失不再发生。

所谓"综合治理"是要求运用行政、经济、法治、科技等多种手段,充分发挥社会、职工、舆论监督各个方面的作用,抓好安全生产工作。

二、安全生产的意义

党和国家对安全生产管理非常重视,因为它体现着国家社会主义性质、市场经济的发展方向和我们党的根本宗旨,是企业经济建设顺利发展的前提,是社会稳定、人民生活幸福的保障。安全生产关乎企业员工每一个人的切身利益,是员工家庭幸福、效益保障的前提。

安全生产不仅仅关系到国家、企业、员工个人的经济效益,还切实关系到国家的国际声誉、社会的安定和企业的社会形象。

安全管理出效益,安全生产无论对国家、企业还是个人都意义重大。

三、安全管理的实现途径

安全管理贯彻安全生产"安全第一,预防为主,综合治理"的方针,强调全过程、全部工作、全员参加。安全管理是一个系统工程,如果哪一块、哪一小部分做得不够全面彻底,势必影响整体的安全效果和总体安全目标的实现。安全管理和其他管理一样包括计划、组织、指挥、控制、协调五个方面。

由于安全管理工作的特殊性和重要地位,必须加强安全工作的管理力度。各公司要有安全保卫部专门负责安全管理工作。在公司高层还有总经理亲自担任主任的企业安全委员会。

安全管理系统是一个网络工程,具有鲜明的层次,每个层次的安全目标都要依靠下一层次的共同努力来达到,层层分解,最后到中心、车站、班组。安全管理的途径是通过行政命令、经济措施、宣传教育、法律手段等途径来实现的。

(一)行政途径

安全管理网络的建立本身就是通过行政手段来建立的,行政自然是安全管理最直接、最权威、最稳定的途径。

行政途径依靠行政组织采取行政命令、指示、规定和下达指令性任务等方法进行安全管理,以权威和服从为前提,具有强制性和严肃性。从业人员必须服从全局,做到令行禁止。

(二)经济途径

经济途径是指通过经济责任制,包括安全生产承包合同等制度,运用工资、奖金、罚金、抵押金、积分、评先等方式,将员工在安全生产中承担的义务用经济关系表现出来,将部门、班组、个人的物质利益或精神利益同安全管理以及安全成绩相挂钩,从而激发部门、班组、员工积极努力,防止事故发生确保安全。

(三)法律途径

安全管理的法律途径是指通过执行法律、法规有关条文,规范企业及个人的安全生产行为,达到安全生产的目的。法律途径有其严肃性和强制性。显然在车站,加强相关安全法规的学习,提高遵纪守法意识,也是进行安全管理不可缺少的方法。

（四）宣传、教育途径

安全管理所有途径都必须通过宣传、教育来贯彻。

宣传教育的形式可采用"安全宣传周""安全宣传月""专项安全检查和评比""生产安全劳动竞赛""专项安全讨论""安全擂台"；可采用闭路电视、局域网、板报、横幅、公告等媒介进行信息的传递与交流。

安全教育的内容可包括心理知识、安全知识、安全技能、安全有关的法律法规、规章制度、作业标准等。

四、车站安全管理

（一）安全的定义

在企业的生产经营活动中，人员不发生导致伤亡、职业病的状态，设备财产不发生损失的状态。

（二）安全在城市轨道交通运营生产中的地位

1）安全生产是企业的生命线，是《中华人民共和国安全生产法》赋予各企业及其各级管理者和生产者神圣的使命和法律责任，轨道交通企业及其从业人员也不例外。

2）轨道交通运输企业以乘客或货物的（位移）安全运送为产品，安全是轨道交通运输企业完成生产任务，实现一定经济效益和社会效益的前提和保障。

3）安全管理是从业人员从业过程中人身安全及效益的保障。员工是到企业付出劳动取得薪酬，没有必要也没有人要求从业者牺牲自己的身体健康甚至付出生命。安全管理就是要从业人员自觉遵守安全规章，化解或减少不安全因素的发生，提高防范意识和自我保护能力，减少给家庭、企业、社会带来伤害。

（三）安全的分类

通常结合车站生产实际可分为人身安全（乘客人身安全、员工人身安全）、消防安全、行车安全、设备安全、票款安全等。

各细分的安全不是孤立的而是相互关联的。以乘客人身安全为例，加强站台巡视和广播既可以保障轨行区行车安全又可以保障乘客人身安全，消防安全对于乘客及员工人身安全也是如此。

1. 人身安全

人身安全包括乘客人身安全和员工人身安全两方面。

做好乘客服务（发现残疾人或行动不便的乘客主动引导使用残疾人电梯），减少乘客出行过程中的不安全因素（如针对中老年人反应速度慢，降低电扶梯速度、雨雪天铺设防滑垫、雪天及时扫除出入口积雪），增加提示标识（张贴各类标识、规范导向标志），针对不同条件特点开展广播（雨天播雨天楼梯湿滑、列车开门时播注意列车与站台间隙、无列车在站台时播请不要超越黄色安全线，学生放学时播不要在电扶梯上逆向行走、不要在站台上奔跑打闹等），只要能想到的能做到的，都尽可能去做，负责乘客人身安全方面工作的人员应尽职尽责，即便偶有乘客自身并不在乎自己的安全，工作人员也要积极防范减小负面影响。

员工人身安全方面要注重在日常的安全教育中建立员工的安全防范意识，凡事应多问几个为什么、该怎样做。做到不伤害他人、不被他人伤害、防止车辆伤害、防止高处坠落、防止锅炉压力容器爆炸、防止高空坠物伤害、防止触电伤害、防止机具伤害。在工作前进行安全预想，考虑存在的安全风险和必要的防范措施，只要有良好的安全防范意识就能够遇事不惊，处之泰然。

特别要指出的是员工人身安全，不仅要加强从业过程中的宣传、管理和教育，还要加强上下班途中交通安全的宣传教育和管理。有关工伤认定中将员工上下班途中交通意外归属工伤范畴。作为车站要经常提醒员工注意交通安全，将上下班途中交通安全作为车站安全管理的日常项目。

2. 消防安全

消防安全是保障员工、乘客生命财产安全，保障设施、设备安全，减少损失的重要组成部分。维护消防安全是《中华人民共和国消防法》赋予从业人员神圣的使命和职责。消防工作贯彻"预防为主、防消结合"的方针，坚持专门机关与群众相结合的原则，实行防火安全责任制。

车站工作人员特别是行车值班员兼职消防控制室值班员在学好各自专业业务知识的同时还要更多的学习一些消防法规和知识。根据《中华人民共和国消防法》和企业有关消防管理制度，车站在日常的消防管理中要做如下几方面工作：

1）根据消防管理制度和公司火灾预案（运营分公司技术文本）结合本车站的特点制定消防安全防范预案。

2）实行防火安全责任制，确定本站各岗位的消防安全责任人。

3）针对本站的特点对职工进行消防宣传教育，重点对消防控制室值班员进行培训教育，使员工明白消防重要性；认真从既有案例中吸取教训，对照查找消防管理中存在的不足。

4）定期组织防火检查，及时消除火灾隐患。

5）定期开展消防器材和消防安全标志性能情况的检查，确保消防设施和器材数量充足、完好、有效。

6）保障紧急疏散通道、安全出口畅通，通道及出入口安全疏散标志作用良好。

最终使每个岗位员工明确三懂三会：三懂即懂得本岗位火灾危险性、懂得预防措施、懂得扑救初起火灾的方法；三会即会报火警、会使用各种消防器材、会引导疏散乘客。

3. 行车安全

这里所指的行车安全是交通运输企业在生产经营过程中所独有的。但即便同是轨道交通性质的企业，在行车组织、施工检修管理方面也不尽相同，没有完全的经验可以照搬，需要在日常的工作中加以积累和摸索。

贯彻"高度集中、统一指挥、逐级负责"的行车组织工作原则，并严格企业内部《行车组织规则》《行车设备操作手册》《施工管理规定》等规章制度的执行是行车安全的基础。强调树立行车调度员行车组织的权威，值班员对行车调度员绝对服从，但不应是盲从，当值班员可以预见到执行某项命令将必然发生重大危险时可以拒绝执行。当值班员没有确凿的把握时，可以和值班站长共同探讨，由值班站长进行必要的判断或汇报与沟通，切不可妄动盲行。

（1）行车安全应包含的方面

1）列车运行安全，即不发生列车正面冲突、掉道、颠覆、挤岔、冒进冒出信号等危及

列车运行或线路设备损坏的事件。

2）轨行区施工安全及施工线路出清，即防止施工及抢险人员受到列车伤害，以及防止施工遗留物侵限或未出清，使列车运行受阻或列车运行安全受到威胁。车站值班员可以通过加强施工过程的安全防护、按规定办理施工请销点登记来防范事故的发生。任何时候未经请点并征得行调同意，任何人不得进入轨行区进行作业。

3）站台区段轨行区安全，主要是防止乘客物品掉落轨道危及行车，乘客跌落轨道造成人身伤害。站台轨行区的安全责任主要由站台安全员负责，为此要对其加强两方面教育：其一，没有列车进站时进行走动巡视，发现问题及时联系车控室，在做好相应防护后再进行处理；其二，列车进站前必须站立在紧急停车按钮附近，列车进站时发生异常及时敲下紧急停车按钮。

如果夜间有站台及站台区域轨行区施工，开站前对轨行区出清情况及端门锁闭情况进行检查也是必不可少的，特别是红闪灯的设置和撤除，应按规定的人员、位置、数量进行操作。

（2）为了保障行车安全车站应开展的工作

1）停用基本闭塞（非正常行车）时行车组织演练，明确列车接发作业程序和安全条件确认标准。

2）站控人工操作设备排列列车进路时，发出指令前必须确认安全条件，严禁盲目切除安全保护措施。

3）开站前线路出清检查要规范，严格检查各项登记是否已经按规定进行注销并到站台进行实地检查，线路是否出清、红闪灯是否撤除。

4）定期开展从业人员案例分析教育，做到警钟长鸣；定期开展行车业务知识培训和作业规范检查，提高从业人员业务技能和安全意识。

5）加强车控室管理，杜绝无关人员进入车控室聊天、值班员使用电话聊天等与行车工作无关的事。

6）明确台账填记标准，规范台账填记。

课题二　事故预防及处理

事故这个概念，不同的行业有不同的解读和解释。城市轨道交通系统安全管理中所称的事故是指：在运营生产过程中，因违反规章制度、违反劳动纪律、违反作业纪律或技术要求，或因人员技能不高、设备技术状态不良及其他原因，造成人员伤亡、设备损坏、影响正常生产作业或危及安全生产的事件，达到事故规则规定的标准的部分。

一、事故的分类

（一）按事故的内容分类

城市轨道交通事故按其内容分为行车事故、设备事故、职工伤亡事故、火灾爆炸事故、地外伤亡事故等。

（二）按事故的性质和程度分类

按事故的程度和性质可分为特别重大事故、重大事故、较大事故、一般事故、一般事件A类、一般事件B类、一般事件C类、一般事件D类。

（三）行车事故分类标准

1. 特别重大事故构成条件

在运营生产中，造成下列后果之一的为特别重大事故：

1）死亡30人以上。

2）重伤100人以上（包括急性工业中毒，下同）。

3）直接经济损失1亿元以上。

2. 重大事故构成条件

在运营生产中，造成下列后果之一的为重大事故：

1）死亡10人以上30人以下。

2）重伤50人以上100人以下。

3）直接经济损失5000万元以上1亿元以下。

3. 较大事故构成条件

在运营生产中，造成下列后果之一的为较大事故：

1）死亡3人以上10人以下。

2）重伤10人以上50人以下。

3）直接经济损失1000万元以上5000万元以下。

4. 一般事故构成条件

在运营生产中，造成下列后果之一的为一般事故：

1）死亡1人以上3人以下。

2）重伤1人以上10人以下。

3）直接经济损在失100万元以上1000万元以下。

5. 一般事件A类构成条件

在运营生产中，发生下列情形或造成下列后果之一的为一般事件A类：

1）5人以上轻伤。

2）直接经济损失30万元以上100万元以下。

3）一条或多条线路全线停运2h以上。

4）中断正线（上、下行正线之一）行车3h以上。

5）单个或多个车站非正常关站24h以上（计算运营时间，下同）。

6）电梯轿厢滞留人员12h以上。

7）机车车辆脱轨、倾覆、冲突、挤岔、火灾、分离、相撞。

8）向占用线错接入列车。

9）向占用线或区间错发出列车。

10）未准备好进路接入、发出列车。

11）机车车辆溜逸，且已经进入正线、辅助线的。

12）擅自改变列车运行方向行车。

13）列车错开车门、未关闭车门开车、运行途中开门。

14）列车夹人开车或将人关在车门与屏蔽门之间开车的。

15）漏乘或不具备资格的人员驾驶机车车辆运行。

16）其他（性质严重、影响恶劣的事件，经安委会决定列入本项的）。

6. 一般事件 B 类构成条件

在运营生产中，发生下列情形或造成下列后果之一的为一般事件 B 类：

1）3 人以上 5 人以下轻伤。

2）直接经济损失人民币 10 万元以上 30 万元以下。

3）一条或多条线路全线停运 15min 以上 120min 以下。

4）中断正线（上、下行正线之一）行车 30min 以上 180min 以下。

5）单个或多个车站非正常关站 6h 以上 24h 以下。

6）电梯轿厢滞留人员 6h 以上 12h 以下的。

7）机车车辆溜逸，未进入正线、辅助线的。

8）列车冒进信号。

9）错排进路。

10）启用错误的列车运行图。

11）未拿或错拿行车凭证发出列车。

12）人工组织行车时，未办或错办行车手续发出列车。

13）错发操作命令或人员误操作，造成断路器跳闸或接触网误停电。

14）错挂、漏挂、错撤、忘撤接地线。

15）应停载客列车未停站通过。

16）列车超速运行。

17）擅自切除列车的车载安全装置开车。

18）未撤除防溜措施动车。

19）设备设施超限、车辆超限、装载货物超限、货物装载不良开车的。

20）不具备载客条件的列车上线运营。

21）轨行区内无施工许可作业，或作业人员、物料设备超出施工防护区域。

22）未办理请点手续，进入正线或辅助线轨行区的。

23）其他（性质严重、影响恶劣的事件，经安委会决定列入本项）。

7. 一般事件 C 类构成条件

在运营生产中，发生下列情形或造成下列后果之一的为一般事件 C 类：

1）3 人以下轻伤。

2）直接经济损失 5 万元以上 10 万元以下。

3）正线行车（上、下行正线之一）中断 15min 以上 30min 以下。

4）单个或多个车站非正常关站 2h 以上 6h 以下。

5）电梯轿厢滞留人员 3h 以上 6h 以下的。

6）错发、错传、漏发、漏传调度命令，耽误列车运行。

7）错办、误办工作票。

8）未经允许列车搭载乘客进入非运营线路。

9）施工区漏设安全防护标志。

10）未验电即挂地线。

11）施工清场不彻底或轨行区内应撤除的设施、设备、物料、标志未及时撤除，其他设备、设施、备品脱落或掉入轨行区，造成停车的。

12）无特种作业操作证违章操作相关设备。

13）电客车误进无电区。

14）人为原因造成自动消防设施误动作、在操作过程中出现明显失误的。

15）气体灭火系统误动作。

16）其他（性质严重、影响恶劣的事件，经安委会决定列入本项）。

8. 一般事件 D 类构成条件

在运营生产中，发生下列情形或造成下列后果之一的为一般事件 D 类：

1）直接经济损失 1 万元以上 5 万元以下。

2）责任晚点 30min 以上（首班列车 10min 以上）。

3）电梯轿厢滞留人员 1h 以上 3h 以下的。

4）行车相关录音、录像资料缺失。

5）自动消防设施因检修或故障不具备相关监控功能的情况下，未及时通知相关人员采取相应措施的。

6）其他（性质严重、影响恶劣的事件或违纪违章行为，经安委会决定列入本项）。

二、事故处理原则

发生事故时，要积极采取措施，迅速抢救，以"先通后复"的原则，尽快抢救伤员，恢复运营，尽量减少损失。事故处理的过程中相关人员要沉着冷静，不要急于求成，确保事故处理过程的安全，防止次生事故的发生。在一些行车设备抢修中，值班员除了要加强信息的沟通与交流外还要做好抢修人员的安全防护。

事故责任的判定，以事实为依据，以法律、法规、规章为准绳，按照"四不放过"原则（即事故原因没有查清不放过、事故责任人没有得到严肃处理不放过、广大职工没有受到教育不放过、防范措施没有得到落实不放过）处理事故，查明原因，分清责任，吸取教训，制定措施，防止同类事故再次发生。

三、事故的预防

"安全第一，预防为主，综合治理"是安全生产管理最基本的方针，事故预防是做好安全工作的重点，就是要根据具体工作的要求和事故发生的原因，采取积极有效的措施，减少或制止事故的发生。

根据有关资料介绍，目前较为公认的预防事故的原则有六条：

1）预防事故是任何一个企业实现良好管理、生产出优质产品工作中不可缺少的部分。

2）管理人员与生产人员必须在预防事故中全心全意合作。

3）企业的最高领导人是负责安全工作的第一责任者，他必须在生产安全活动中起主导作用。

4）每个工作岗位都必须有一个明确而且为大家所了解的安全目标。

5）必须有一个组织机构来贯彻安全方针，以组织实施并研究对策。

单元五　车站安全管理

6）尽可能采用最新的安全技术和方法。

在各种安全活动中，事故的预防是根本的和第一位的。对待事故的预防要积极，预防的措施要科学、全面、合理。不论发生事故的主体和客体、局部或整体，都应制定行之有效的管理方法和操作规程，针对有可能发生安全事故的方面积极拟定相关预案并开展演练。

四、行车事故的预防

事实上行车事故的预防除遵循上述原则外，还要结合具体情况加以处置。例如，南京地铁开通之初就使用自动闭塞系统控制列车运行的安全，而前后所发生的多起事故均在设备无法控制的情况下发生的，因此加强自动闭塞系统故障情况下行车事故的预防尤为重要。

首先定期开展电话闭塞法演练，让相关从业人员在突发信号系统故障时不至于无所适从。其次，严格执行"两纪一化"（作业纪律、劳动纪律、作业标准化），防止值班员作业过程中的疏漏行为发生。第三，进行事故案例、应急预案的宣传和学习，举一反三迅速提高从业人员判断处置事件的技术能力和应变能力。第四，梳理设备操作培训过程中存在的盲点，开展设备操作、规章制度、作业标准等的回炉培训。

课题三　事故案例分析

地铁是城市公共交通重要组成部分之一，地铁安全的重要性不言而喻。近年来全球地铁事故不断发生，我国的北京、上海、广州等城市地铁先后发生不少事故。因此，分析地铁运营事故的影响因素，制定预防事故相关对策以及突发事故后的救援措施，对于改善地铁运营的安全现状，预防事故和降低事故损失都具有十分重要的意义。

安全意识的建立、预防以及抢险机制的完善，都是安全和安全管理必不可少的。若在事故发生后仅从表面现象的臆测或判断，不从事故中真正找原因，只能增加事故发生的频率，所以查清事故原因，真实客观地反映出事故的因果关系，才是真正预防事故最有效的手段。生产过程中安全最大的敌人就是无视安全隐患和规章的存在，盲行妄动，对存在的安全风险麻木不仁。学习规章可以提高判断和处理问题的能力，减少犯错的概率。学习事故案例，可以少走甚至不走他人走过的弯路。同时无论是学习规章还是学习事故案例都是进行自我保护必要的手段。

一、事故案例

案例一：2003年2月18日韩国大邱市地铁发生火灾，因为没有做好初期应对，造成大量人员伤亡。此次事故的起因是人为纵火，但地铁方面消极应对，行调没有及时扣停驶向该站的载客列车，发生火灾后，地铁调度室当班人员权某等3人，虽然在18日上午9点53分左右在显示器上看到"火灾警报"四个字并听到警报响起，但以平时常常操作出错为由，无视警报，没有采取任何措施。司机在按图运行不知火灾事实的情况下驶入该站。由于接触网停电，第二列车进站后车门无法打开导致了更大的伤亡。在198名遇难者中，就有114人是第二辆列车上的乘客。该事故暴露出该市地铁没有具备让乘客实施紧急逃生的措施，同时无防备状态的防护系统也助长了损失。应对火灾的喷水消防装置只设在地下两层的站区内，没有设在站台上。而且在地下车站没有发生火灾时已经强行拆除空调设施，所以事故发生后的 3~4h，救援人员一直都无法接近现场。

这场事故，暴露的更多的是设施方面的不完善，但是如果值班员或者行车调度员防范意识较强，完全可以避免后续列车的驶入。如果机械设备调度室当班人员在得到报警信息后，认真加以确认而不是按照习惯的经验简单的处理，也可以避免如此大的损失。可见，一件事故发生以后，当班（当值）人员的安全意识、业务能力、应变能力、作业习惯等，对于事态的发展都将起到至关重要的作用。

案例二：2005 年 10 月 30 日夜间某市张府园站当班行车值班员在办理施工登记手续时在不该放置红闪灯的情况下放置了红闪灯，又没有及时撤回，导致压道工程车在张府园站延误 6min。

按照该地铁运营分公司《行车事故管理规则》的定性标准，延误 6min 应定性为：事故苗头。

由于该车站行车值班员队伍包括值班站长队伍普遍行车经验不足，在实际操作中经常将行调布置的做好防护简单理解为放置红闪灯，而防护的含义除了放置红闪灯外还有监听 800MHz 电台、CCTV 监控、LOW 显示监控、加强和邻站以及行调的信息沟通与交流等。

对于异地注销作业程序，当时该公司并没有严格成文的《施工检修管理办法》，值班员普遍采用其他地铁培训掌握的方法进行操作，而其他地铁的《施工检修管理办法》中并没有设置红闪灯防护的项目，与从另一个城市培训归来的行调在作业习惯上存在差异。

值班员在红闪灯放置后的疏忽行为的根源有待进一步分析。究竟是何种原因造成当事人没有及时撤除红闪灯？如何在值班站长和值班员间，值班员与值班员间建立行之有效的他控和互控机制？以及值班员如何在日常工作中进行自控的措施？是此次事故的发生后最急需解决的问题。为此站务中心制定了相应的对策，且明确了进一步红闪灯放置的时机，并规范了红闪灯放置撤除登记程序。

二、地铁运营事故分析

（一）地铁运营事故原因

地铁运营安全不仅涉及人、车辆、轨道等系统因素，还受到社会环境和列车运行相关设备（信号系统、供电系统）等因素的影响。近年来国内外地铁事故统计的分析表明：人、车辆、轨道、供电、信号及社会灾害等是地铁事故的主要因素。

1. 人员因素

2002 年和 2003 年对上海地铁一、二号线发生事故的分类统计表明：一般性事故主要是因乘客未遵守安全乘车规则，而险性事故多是由于工作人员职责疏忽引发的。人员因素是导致地铁事故的主要原因，其中包括：

1) 拥挤。例如，2001 年 12 月 4 日晚，北京地铁一号线一名女子在站台上候车，当车驶入站台时，被拥挤人流挤下站台，当场被列车压死。又如，1999 年 5 月在白俄罗斯，也因地铁车站人员过多，混乱而拥挤，导致 54 名乘客被踩死。

2) 不慎落入和故意跳入轨道。长期以来，因人员跳入地铁轨道，造成地铁列车延误的事件屡次发生，短的一两分钟，长则三五分钟。而地铁列车一旦受到影响，不能正点行驶，势必影响全局，需要全线进行调整。这不仅影响当事列车上的乘客，而且使整条线路甚至其

他轨道交通线路上的乘客都可能被延误。

3）工作人员处理措施不得当。例如，韩国大邱市地铁 2003 年那场大火中，地铁司机和综合调度室有关人员对灾难的发生就有着不可推卸的责任。前方车站已经发生火灾后，另一辆 1080 号列车依然驶入烟雾弥漫的站台，在车站已经断电、列车不能行驶的情况下，司机没有采取任何果断措施疏散乘客，却车门紧闭，而且仍请示调度该如何处理。

2. 车辆因素

1）导致地铁列车事故的主要因素是列车出轨。例如，英国伦敦地铁，在 2003 年 1 月 25 日，一列挂有 8 节车厢的中央线地铁列车在行经伦敦市中心一地铁站时出轨并撞在隧道墙上，最后 3 节车厢撞在站台上，32 名乘客受轻伤。同年 9 月，还是在英国，一列慢速行驶的地铁列车在国王十字地铁站出轨，并导致地铁停运数小时。又如，日本东京在 2000 年 3 月发生的日本东京日比谷线地铁列车出轨意外，造成了 3 死 44 伤的惨剧。再如，美国 2000 年 6 月，发生一起地铁列车意外出轨，当时有 89 位乘客受伤。

2）其他车辆因素。例如，2003 年 3 月 20 日，上海地铁三号线闸门自动解锁拖钩故障，停运 1 个多小时。又如，2002 年 4 月 4 日，上海地铁二号线因机械故障车门无法开启，停运半小时。

3. 轨道因素

2001 年 5 月 22 日，台北地铁淡水线士林站附近轨道发生裂缝，地铁被迫减速，并改为手动驾驶，10 万旅客上班受阻。

4. 供电因素

例如，2003 年 7 月 15 日上海地铁一号线莲花路到莘庄的列车突然停电，被迫停运 62min。经查明是由于地铁牵引变电站直流开关跳闸，列车蓄电池亏电过量，才致使列车无法正常启动的。又如，2003 年 8 月 28 日，英国伦敦和英格兰东南部部分地区突然发生重大停电事故，伦敦近 2/3 地铁停运，大约 25 万人被困在伦敦地铁中。

5. 信号系统因素

2003 年 3 月 17 日上海地铁一号线信号控制系统突然发生故障，停运 8min。2003 年 2 月 14 日上海地铁二号线中央控制室自动信号系统发生故障，停运 20min。

6. 社会灾害

地铁车站及地铁列车是人流密集的公众聚集场所，一旦发生爆炸、毒气、火灾等突发事件，造成群死群伤或重大损失，严重地影响了社会秩序的稳定。例如，1995 年 3 月 20 日日本邪教组织"奥姆真理教"在东京地铁施放沙林毒气，夺走了十多条人命，5000 多人受伤，引起全世界震惊。又如，2003 年 2 月 18 日韩国大邱市地铁发生的纵火事件造成近 200 人死亡，数百人受伤失踪。

（二）对策

地铁一旦发生事故，将成为公众舆论的焦点，不仅带来不利的政治影响，且人员伤亡、车辆损毁带来的经济损失也将十分严重。随着地铁的飞速发展，为提高地铁运营的安全，有效减少事故的发生和降低事故损失，依据上述的事故分析，应采取以下几点事前预防对策以及事后处理措施。

1. 事故发生前的预防对策

（1）加强对乘客和工作人员的教育　由于乘客素质对地铁安全有很大的影响，所以应加强对市民的地铁安全乘车意识的教育，减少由于乘客的失误而产生的地铁运营事故。例如，2004年4月出台的《北京市城市轨道交通安全运营管理办法》中，对乘客的各种危害城市轨道交通安全运营的行为做了规定，并且明确了运营单位工作人员应当履行的安全管理职责。另外，还要多加强对乘客在紧急情况下逃生自救知识的宣传教育。

统计表明，几乎每一起重大事故都与地铁工作人员的失职有关。所以务必加强对工作人员的法制教育、技术教育、安全教育和职业道德教育。工作人员要牢记"安全第一"的运营准则，任何时候都不能麻痹大意。韩国大邱市地铁的惨案有一个重要原因，就是将平时的教育流于形式，没有落实到实处，因而自食恶果。

（2）采用先进的设备及其检测体系　地铁的运营涉及众多人员和先进的设备。车辆因素、线路问题、信号标志等设备都直接关联到列车的安全运行。车辆所使用的阻燃材料是否合格，安全装置是否充足有效，车辆是否符合运行要求，车辆技术状况的好与坏，都会直接影响到地铁的运行安全。韩国大邱地铁车厢未采用先进的阻燃材料，易燃材料燃烧后产生了大量毒气和烟雾，导致了事故的扩大。

上海地铁有两套自动防火设施，两级自动监控系统（一级设在车站，一级设在中央控制室）。设置的自动灭火喷淋系统，有水喷和气体喷两种，可以针对不同的火灾原因进行调控。地铁隧道里还设有专门的排烟装置，一旦发生火灾，隧道内的事故风机系统就会启动，在最短时间内排出有毒烟雾，防止窒息。

北京地铁设有双组变电站供电、紧急照明和应急通风设施，即使在出现两个主变电站同时停电，列车失去牵引力最终停车时，也不会导致出现地铁"失控"现象。地铁的指挥系统，如调度电话、通信系统等，在失电情况下仍能正常使用，它们全部由蓄电池供电。

地铁发生意外导致紧急断电，在突如其来的黑暗状态下人员极易发生混乱，造成伤亡。在断电情况下能持续提供光源十分关键。自发光疏散指示系统完全解决了这个问题。这些安全标志在完全失去光源的情况下仍然能够利用自身的蓄能发光，以便乘客在漆黑一片中找到逃生的方向。

另外，还应该将站台上的安全线改为自动安全门以杜绝坠落地铁事故；加强车辆维护及检修工作，提高综合服务水平。建立和完善设备状况计量检测体系，确保设备运作的安全度。对已出过的事故苗头、灾害险情要及时记录，用系统安全工程的方法进行评价，及时制定切实可行的整改措施，把工作落到实处，尽量把事故和灾害消灭在萌芽状态。

（3）建立自动监视及自动报警系统　为了保证地铁的安全运行，每个地铁系统都应具备监测及自动报警系统（Fire Alarm System，FAS）。FAS对于确保地铁的安全以及正常运营，具有极其重要的作用，成为地铁各系统中不可缺少的重要组成部分。受FAS系统保护的具体对象是全线车站、主变电所、车辆段及通信信号楼。地铁FAS系统必须是一个高度可靠的系统，接线简单，组网灵活，容易维修和扩展。控制中心（OCC）应有全线示意图，能监控全线的报警情况。

伦敦地铁当局在所有115个地下车站内安装有名为"快速追踪"的火灾探测与报警系统。该设备包括一个探测范围宽广的模拟可寻址烟雾与热量探测系统，以及其他一些诸如遥控关门器、应急有线广播系统、防火阀控制装置、检票门等安全防火设施。如今，每个车站内的计算机能对本区段内的消防设施予以监视与控制。通过预先编制的程序，它能对每个车站上的所有消防安全设施进行扫描，搜检，在连续不断地进行基础分类后，便可确认这些设

单元五 车站安全管理

备的特征、位置、所处的形式与工作状况。

地铁内应具备无线电通信设备和有线通信紧急电话，车站工作人员和地铁司机可通过无线系统或有线电话向控制中心传递事态信息。站台内还要有CCTV视频传输系统。车站内应装设全方位的监视器，实时收集站内各方位视频信息，不能出现有地铁发生火灾、爆炸、毒气而控制中心不知情的情况。列车上还配备有紧急报警按钮，发生火灾爆炸等意外事件时，乘客可迅速按压此按钮通知司机。

（4）制定应急方案并进行模拟演练　事故和灾害是难以根本杜绝的，必须高度重视应急预案的制定。"预防为主"是地铁安全正常运营的原则。凡事预则立，不预则废。不同的事故，其应急处理方法不同。只有事先制定多套突发事故应急预案，增强突发性事件的应急处理能力，才能把事故与灾害所造成的人员伤亡和财产损失降到最低程度。迅速的反应和正确的措施是处理紧急事故和灾害的关键。应急预案是对日常安全管理工作的必要补充。它的主要内容应该包括：指挥系统组织构成、应急装备的设置（主要包括报警系统、救护设备、消防器材、通信器材等）和事故处理与恢复正常运行。

要做到不发生事故，保证地铁运营安全，除了加强对员工的安全思想教育、提高群体安全意识、健全各项规章制度、严肃劳动纪律和作业纪律、建立安全监督管理机构工作以外，进行事故应急处理模拟演练是十分必要的。此类演练能增强全员安全生产意识，逐步提高各有关专业和工种的应变能力、协同配合能力和对事故的综合救援能力，达到锻炼员工队伍的目的。例如，北京地铁就曾在建国门站进行了名为"列车发生爆炸迫停隧道内的应急先期处置"模拟演习。

2. 事故发生后的处理对策

（1）乘客的安全疏散问题　根据全世界地铁重大事故的经验和教训，乘客没有得到快速、及时、安全地疏散是造成严重后果的重要原因。所以，乘客快速、及时、安全疏散是整个地铁安全体系中极其重要的内容。一个完善的乘客安全疏散方案要尽可能详尽和具体。在1～2h不能恢复交通的情况下，地铁公司要赶紧联系公交公司，在各个地铁出口处设有开往不同地方的专车，来有效疏导乘客。还有发生事故后，地铁应担负起告知责任，不能以"故障"为借口，忽视甚至漠视乘客的知情权，导致乘客恐惧不安和混乱。

（2）建立事故处理系统　地铁事故的分析和处理是一项复杂的、经验性很强的技术工作，地铁发生事故的原因很多，要求快速、有效、准确地识别故障原因并采取有效措施及时恢复地铁正常运行，这还是一个值得深入研究的工作。近年来，在安全科学领域中计算机技术已与安全管理、安全评价、风险分析预测等工程技术广泛结合，并且推动了安全科学发展的进程。利用计算机准确及高速度的科学计算功能，能够进行安全分析、事故诊断、安全决策等任务。目前，地铁普遍安装了计算机监控系统，但对状态监测的作用没有得到充分发挥，需要有一个后台的故障处理和分析系统来实现对监控信号的处理，充分实现对系统的智能化监控，提高整个监控系统的利用率。

专家系统内部含有大量的某个领域专家水平的知识与经验，能够利用人类专家的知识和解决问题的方法来处理该领域问题。利用专家的经验快速给出处理措施，辅助管理人员进行事故处理，能够提高地铁的安全经济运行水平。地铁事故处理专家系统就是建立在这样的基础上的。

一旦事故和灾害发生，在全线上运行的列车不能继续按照原先的计划运行图运行，中央控制室必须及时对所有列车运行做出科学正确的调整。韩国大邱地铁纵火案中正是由于中央控制室管理不力，没有及时阻止另一列列车驶入已经失火的车站，导致了伤亡人员的增加，死亡人员多数也是第二列列车的乘客。

列车自动控制系统（ATC）中应包括针对发生紧急事故和灾害情况下的列车自动调度系统。这个自动调度系统应该是一个实时专家系统。自动调度系统软件由事实库、规则库、推理机、数据黑板等构成。事实库中主要存放与推理有关的静态事实；规则库中主要存放调度专家的领域知识，如故障判断规则、运行图调整规则等；推理机模拟调度专家的思维方式，根据事实库中的事实，调用规则库中的规则，逐步进行推理，推理的中间结构暂存在数据黑板上。自动调度系统将及时制定出新的列车运行方案，防止灾害的扩大化。

单元考核

1. 简述安全生产的意义。
2. 行车安全应包含哪几个方面？
3. 事故的分类有哪几种？
4. 怎么进行行车事故的预防。
5. 请列举地铁运营事故，分析其发生的原因，并提出解决办法和预防措施。

参考文献

[1] 姜家吉,等. 城市轨道交通车站设备［M］. 北京：中央广播电视大学出版社，2010.
[2] 刘婉玲. 城市轨道交通运输设备［M］. 成都：西南交通大学出版社，2010.
[3] 李建国. 城市轨道交通系统概论［M］. 2版. 北京：机械工业出版社，2013.
[4] 赵时旻. 轨道交通自动售检票系统［M］. 上海：同济大学出版社，2007.
[5] 杨浩. 铁路运输组织学［M］. 3版. 北京：中国铁道出版社，2011.
[6] 马国龙,等. 城市轨道交通安全管理［M］. 北京：中央广播电视大学出版社，2010.
[7] 何静. 城市轨道运营管理［M］. 2版. 北京：中国铁道出版社，2013.